<u>Phönixflug</u>

Wenn Seelen reisen

<u>Carsten Götz</u>

Wie die Dinge wirklich ablaufen weiß ich schlicht und ergreifend nicht und ich maße mir nicht an es zu wissen. Ich stelle Fragen und stelle Vermutungen an. Dies sehe ich als mein Recht im Rahmen dieses Buches.

Herstellung und Verlag:
Books on Demand GmbH, Norderstedt
ISBN 978-3-8391-2480-2

Inhaltsverzeichnis:

Phönixflug

Im alten Ägypten einst „Benu", im antiken Griechenland „Phönix" benannt, war dieses Wesen fähig, sich am Ende seines Daseins durch die „Glut der Morgenröte" verschlingen zu lassen, um sich dann seiner Asche entsteigend, wieder selbst neu zu gebären.

Wie oft bin ich in diesem Leben schon „gestorben" und dann wiedergeboren, ich habe mich das oft gefragt, angesichts der vielen Wechsel in meinem, doch noch recht kurzem Leben. Warum passiert so etwas eigentlich? Wohin hat dies alles bei mir geführt und was für Aufsehens erregende Entdeckungen habe ich dabei gemacht?

So ist dieser Flug ein Symbol meines Weges geworden, eines Weges, welchen ich in meinem ersten Buch nur kurz angeschnitten habe, weil die Botschaft des „Apfelkerns" eine andere war. Hier nun, im „Phönixflug", werde ich dir weit mehr von mir preisgeben, ja nicht nur von mir, sondern von dem was ich als _erweiterte Realität_ erlebt habe. Ich habe es erlebt, erfühlt, gehört, zu einem Teil erforscht und bin selbst heute jedes Mal wieder neu überwältigt und fasziniert von dem, was da eigentlich mit mir oder besser gesagt mit UNS passiert. Wenn es dich interessiert, dann komm mit. Du bist wiederum eingeladen mitzugehen. Es sollte dir auch an dieser Stelle bewusst sein, dass ich dir weder meine Erfahrungen aufdrängen, noch sie als einzig wahr und richtig aufzwingen will. Das Gegenteil würde ich dir eher ans Herz legen. Zweifle daran, sei dennoch offen und bereit Dinge zu erfahren, die deine Vorstellungen vielleicht übersteigen könnten. Stelle es in Frage, doch immer mit dem Gedanken dahinter, die wirkliche Antwort kennenlernen zu wollen. Wenn du es komplett ablehnst, dann tue das. Wenn du dennoch die richtige Antwort darauf wirklich kennen willst, dann fordere sie in deinen Gedanken.

Sage: „Ich will es selber wissen, will es selber erfahren, ich habe den Mut dazu!" und dann lasse es einfach kommen. Die Antwort wird zu dir kommen, garantiert.

1. Wie es begann…

Dunkel habe ich es in Erinnerung, dass ich als Kind vor dem Mond Angst hatte.

Etwas wollte mich „wegziehen" und ich sehe mich in Erinnerung den Flur in meinem Elternhaus entlang kriechen - ängstlich. Etwas, habe ich heute noch den Eindruck, hielt mich damals fest und ich sehe in Gedanken noch diese riesige Scheibe des Mondes.

Warum hat ein Kind bloß Angst vor dem Mond? Was war da los?

„Selenophobie", heißt der Fachausdruck für die Angst vor dem Mond, nur hat mir das damals nicht geholfen und heute ist es lange her und ich erinnere mich nur noch dunkel.

Waren das vielleicht meine ersten Erlebnisse auf diesen „anderen" Ebenen der Realität, die mir Angst einjagten?

Bilden sich kleine Kinder Dinge nur ein, oder ist da womöglich mehr dahinter, und sie haben einen ganz anderen Zugang als Erwachsene?

Ja, die meisten Erwachsenen antworten genau das, wenn man sie darauf anspricht. Sie wissen, dass Kinder diesen „speziellen Sinn" haben. Kinder können diese Dinge oft ungefilterter aufnehmen als Erwachsene. Ich erlebte es zwar nur einmal, dass ich wegen meiner Erlebnisse wirklich ausgelacht wurde, doch ist es so, dass bei Erwachsenen viele Filter wirken.
Meistens sind dies Zweifel, Ängste und Ablehnung vor dem Unbekannten, denn schließlich haben wir gelernt, dass nur das wahr ist was wir sehen und anfassen können.

Die Frage ist jetzt, warum und wodurch werden diese Filter aktiviert?

Sind es nicht zuallererst die Eltern die ihrem Kind welches „den Mann" im Zimmer sieht oder mit Engeln redet, einreden, dass es „sowas nicht gibt", ja nicht geben kann. Es ist Einbildung, Halluzination, rein der Phantasie entstammend und in der heutigen „realistischen" Welt ist dies störend, ja krank. Alles was entgegen der Norm(alität) ist, wird kuriert oder braucht Heilung.

Natürlich kann ich es nachvollziehen wenn Eltern ein total verstörtes Kind beruhigen wollen, indem sie dann Licht im Zimmer machen und dem Kind zeigen, dass es sicher in seinem Raum ist. Auf der anderen Seite wird das Kind mit jedem Male, wenn es außergewöhnliche Erlebnisse hat und diese ständig als „falsch, krank oder Einbildung" abgeurteilt werden, mehr und mehr „verschlossen" und irgendwann ist es derart konditioniert darauf, dass es diese Wahrnehmungen nicht mehr hat und selbst verleugnet. Dann ist alles gut, alles normal.

Alles normal? Die Frage ist, kann es überhaupt davon laufen - kann es vor seinen eigenen Fähigkeiten flüchten? Ich jedenfalls, konnte es nicht.

Viele, heute erwachsene Menschen, hatten als Kind spezielle „Erlebnisse" oder „besondere Fähigkeiten", die sie dann später erst wieder mühsam ausgraben mussten um daran zu arbeiten, denn diese Dinge kommen irgendwann zurück. Sie müssten sich in Wahrheit eigentlich nur gewahr werden und erinnern wer sie wirklich sind - nämlich unbegrenzte Mitschöpfer in einem grandiosen Leben und Körper.

„Unbegrenzt", dies ist für einen Menschen aber ein großes Wort, denn der Mensch erlebt seine imaginäre Barriere und Eingeschränktheit doch tagtäglich am eigenen Leib. Es ist jetzt Zeit diese Grenze zu verschieben.

Nun, ob es sich dabei um mediale Begabungen handelt, die im frühen Erwachsenenalter wieder zum Vorschein kommen oder ob es sich um die Fähigkeit handelt die ich habe, dem bewussten Verlassen des menschlichen Körpers, es erfordert jedenfalls viel Mut und Mühe sich darauf einzulassen.

Mühe, weil ich es wegschieben und verdrängen konnte, es aber permanent wiederkehrte.

Mut – nun ja, lies einfach weiter und du wirst erfahren, dass es zunächst Mut erfordert sich auf die Sache selber einzulassen und noch mehr Mut, diese Sache sich gegenüber als wahr einzugestehen und sie nicht einfach stillschweigend hinzunehmen aus Angst, andere Menschen könnten lachen, einen beschimpfen oder für verrückt erklären.

Ich war irgendwann an einem Punkt, an dem ich diese Sache nicht mehr verleugnen konnte. Sie war präsent, existent und sehr real.

Sich selbst zugestehen und anzuerkennen, dass diese Geschehnisse real sind ist Eines, die Sache vor anderen Menschen zu präsentieren und darüber zu sprechen, ist eine weitere Oktave auf der Leiter. Unwillkürlich setzt man sich dem Spott und dem Gelächter „wissender" Menschen aus und dies ist anfänglich nur schwierig zu ertragen.

Etwa im Jahre 1994 kamen diese Erlebnisse zu mir zurück und ich nehme jetzt einfach an, dass diese vorher beschriebenen kindlichen Erlebnisse, schon in diese Richtung deuteten. Zwischen „ich bin schon halb wach" und „der Körper schläft noch" fühlte ich, wie etwas mich wegzog, beziehungsweise, wie ich irgendwie wegdriftete. Ich fühlte eine Bewegung vom Bett weg und teilweise konnte ich die Anwesenheit von irgendeiner Präsenz spüren.

Kennst du das Gefühl, wenn du in einem Raum bist und jemand steht direkt und ganz nah hinter dir und du spürst es, ohne ihn zu sehen. Das kommt dem ziemlich nahe. Es machte mir Angst, denn ich konnte weder damit umgehen, noch wusste ich was geschieht. Abgesehen davon war ich vergleichbar mit heute ziemlich „unbewusst" und „unklar" als es passierte. Damit meine ich, dass mir nicht bewusst war, dass mir nichts passieren konnte und dies nichts böses war.

Ich nahm die Geschehnisse also wahr, hatte aber zuerst keinen Einfluss darauf.

Wenn du mir jetzt mit „der Teufel wollte dich holen" kommst, so muss ich dich enttäuschen. Bis heute hat mich dein Teufel, falls er für dich als Wesen existiert, nicht geholt. Ist er existent? Die Frage überlasse ich dir zu beantworten, bei mir existiert er heute nicht mehr.

Damals, da war „er" für mich aber noch sehr präsent. Oh ja, ich hatte Angst und wie.
Ich hatte Angst, dass er oder einer von seinen Knechten mich holen wollte. Dieses Bild hatte ich schließlich im Religionsunterricht und in der Kirche gelernt. Was hatte ich denn verbrochen, dass das passiert? Ich begann dagegen anzugehen und jedes Mal, wenn ich also so ein Erlebnis hatte, begann ich mich mühsamst wachzukämpfen.

Es war ein anstrengender Kampf, den ich zwar immer gewann, aber meine Irritation wuchs ebenso. Ich erinnere mich daran, dass ich voll von Sorge sogar einmal einen guten damaligen Arbeitskollegen fragte, ob er so etwas auch schon einmal erlebt hatte. Ja hatte er tatsächlich und das beruhigte mich dann doch etwas.

Die Erlebnisse vergingen dann wieder, ich denke auch, weil ich mir 1995 nach einem Sturz die rechte Schulter auskugelte und verletzte. Die Nächte waren anschließend jahrelang von meinem rechten, immer wieder „einschlafenden" Arm geprägt und so wachte ich oft in der Nacht auf. Was allein dieses Unfallereignis für positive Auswirkungen hatte konnte ich in meinem Schmerz natürlich damals noch nicht sehen. Damals, da tat es einfach weh und ich haderte wie jeder andere Mensch, dem so etwas passiert.

Zeitsprung. 1999 geriet mein Leben aus den damaligen gewohnten Bahnen. Ich war inzwischen verheiratet und 1996 kam mein Sohn auf die Welt. 1999, das war für mich das Jahr der ersten großen Wende. Es kam zur Trennung mit meiner damaligen Frau und ich musste früher oder später Entscheidungen treffen, wie mein Leben weitergehen sollte.

Mein ganzes bisheriges Leben stellte sich auf den Kopf und ich gab nun dem ständigen inneren Drang nach, vom Leben mehr als „das" zu erwarten. „Mehr als das", das wurde zu einem meiner Leitgedanken. Da muss es einfach mehr geben und ich erwarte fortan mehr, als nur das Übliche „Hamsterrad".

Meine Welt möchte von mir erforscht werden, jetzt wo ich auf ihr umher wandere!

So machte ich als ich die Chance bekam, Nägel mit Köpfen. Statt mich auf ständigen Ärger und Streit einzulassen, der sicher aufgekommen wäre, ging ich nach im Sommer 2000 nach Österreich. Ich „starb" in meinem alten Leben und wenn dir dieses Wort zu stark ist weil es dir Angst macht, dann ermutige ich dich hinzuschauen, was ich genau damit meine.

Dieses „Sterben" bezieht sich auf diesen Aspekt des Carstens, der ich damals war. Diesen Aspekt „Carsten 2000", den gab es von heute auf morgen nicht mehr, nicht weil ich die Zeit davor verleugne, sondern weil ich von heute auf morgen in einer anderen Lebensumgebung und Lebensart war. Nichts war gewohnt, alles war neu. Es war im wahrsten Sinne des Wortes, eine Wiedergeburt: Phönix war verbrannt und hatte sich wieder neu erschaffen und mit diesem Neuerschaffen kamen neue Herausforderungen, die ich damals zunächst nicht sehen konnte. Wie auch. Zuerst war ich froh den Schritt gewagt zu haben.

Das Geheimnis ist, dass wir uns sogar in jedem Augenblick neu erschaffen.

Die anfängliche, überschäumende Freude wich dann komplett im Jahr 2001, als ich realisierte, dass ich in Österreich nach einer beendeten Beziehung allein war. Keine Familie war da, die mich auffangen konnte. Mein Freundes – oder Bekanntenkreis speiste sich damals vor allem aus den Freunden und der Familie meiner damaligen Gefährtin und dieser Teil brach dann natürlich weg. So saß ich allein da.
Ein Anruf zu meinen Eltern sollte mich „retten", aber außer : "Das hast du dir selber ausgesucht, da musst du jetzt durch!", kam nichts. Erst Schock, dann Frust und erst sehr viel später Dankbarkeit und die Einsicht, dass das ein sehr großes Geschenk war und eine wunderbare Aussage und Aufforderung vom Leben, dass ich *es* endlich selbst in die Hand nehmen sollte.

Diese Gelegenheit bekam ich, doch anders als erwartet. Was 1995 mit der Schulterverletzung begann, setzte sich 2002 fort. Ich verletzte mir die Schulter erneut und musste operiert werden. War das genug, um endlich neu anzufangen? Anscheinend nicht. So ließ ich mir von meinem damaligen Arbeitgeber die „Pistole" auf die Brust setzen: entweder arbeiten kommen, oder rausfliegen.

Nein, arbeitslos war ich noch nie, und ich wollte das nicht sein. So lies ich mich unter Druck setzen und ging wieder arbeiten – mit fatalen Folgen. Die Schulter hätte noch Ruhe benötigt und war noch nicht voll verheilt und wie grandios, nachdem ich diese Arbeitsstelle dann doch verloren hatte, war eine zweite Operation nötig.

Heute, da kann ich darüber lachen, denn jetzt sehe ich das erweiterte Bild. Damals, da war mir erst einmal zum Heulen.

Etwas geschah damals aber mit mir. Irgendwann machte etwas „Klick" und ich besann mich zunächst intensiv mit persönlichkeitsbildenden und aufbauenden Themen zu beschäftigen. Ich hatte jetzt schließlich die Zeit und auch dem Ergeiz und das Interesse etwas zu verändern.

Ich durchstöberte Bibliotheken nach brauchbaren Büchern und eines Tages, blieb ich tatsächlich unvermittelt in einem Gang einer Bibliothek stehen, blickte nach links und in Augenhöhe stand das Buch, welches mir ein Arbeitskollege aus der zuvor verlassenen Firma ans Herz gelegt hatte.
„Lies das mal, das ist interessant, da gehts um....!", und er erzählte mir unglaubliche Dinge und ich dachte damals :"Jaaa jaaa, erzähl du mal!!!"

Siehst du, wie ein Zahnrad ins andere griff?

In besagter Bibliothek sah ich das Buch und nahm es dann auch mit. Es war das Buch „*Die Prophezeiungen von Celestine*" von James Redfield. Damit begann es.

Ich las es, dachte viel nach. Bis zu einem gewissen Punkt konnte, oder besser gesagt, wollte ich folgen. Das Ende war damals dann aber doch noch zu absurd für mich. „Das ist absurd, so etwas geht nicht! Ich muss realistisch bleiben!", dachte ich.

In weltlicher Hinsicht ging es mit einer Berufsorientierung weiter, denn es sollte verhindert werden, dass ich mir die Schulter noch einmal verletzen könnte. Die Wahl fiel nach einigem hin und her auf die Elektronik, denn als Kind stand ich schon bei meinem Vater in seinem sogenannten „Kabuff"-einer kleinen Kammer, und schaute ihm neugierig beim Löten und Basteln zu.
Etwa in dieser Zeit begann mein Interesse an geistigen Themen exponentiell zu steigen aber nicht nur das.

Ich schaffte es, persönlichkeitsbildende und spirituelle Dinge zu verweben und zu einem Teil in mein Leben einfließen zu lassen. Das bescherte mir Gefühle die ich damals verloren hatte, zum Beispiel dieses kindliche „*vor Freude innerlich zu zerspringen*", nachdem ich anonym an jemanden Blumen verschenkt hatte. Ich stellte mir haargenau den Gesichtsausdruck der Freude vor und dieses Vorstellen allein reichte um in MIR einen gewaltigen Energieschub auszulösen, gefolgt von einem mehr als angenehmen Gefühl in der Bauchgegend.

Ich möchte dich als Leser nicht mit meinem Leben langweilen. Jeder hat seinen „Flug" und meinen Weg sehe ich nicht als besser oder schlechter als Deinen. Nein, ich erzähle dir das, weil es zum Verständnis notwendig ist für das, was jetzt folgt und nur so ist es vollständig.

2. Die ersten Erfahrungen

Stelle dir nun vor, du liegst in deinem Bett und plötzlich schaltet sich dein Tagesbewusstsein komplett ein. Du bist innerlich hellwach, bekommst alles mit, nur mit dem Unterschied, dass dein Körper schläft.

So unglaublich dies klingt, doch genau so ging es mir das erste Mal 2003. Dies war anders als dieses „wegdriften", welches ich früher beschrieben habe und anders als alles, was ich bis dahin erlebt hatte. Ich war wirklich klar im Kopf, konnte denken, fühlen und sehen, obwohl ich nur „Schwärze" sah.

Bei den meisten Menschen flößt allein diese Vorstellung Angst ein, ich machte damals keine Ausnahme.

Ich lag also da, innerlich wach und nun spürte ich wie mich jemand am rechten Arm nahm und senkrecht aufstellte. Ich stand jetzt, und nahm mich wirklich genau so wahr, senkrecht und stehend. Ich versuchte etwas zu sehen, sah aber nichts. Alles war Schwarz. Ich versuchte etwas zu hören. Auch nichts. WER hatte mich da angefasst? Ich hatte es schließlich wirklich fühlen können.

Irgendwann hatte ich das Gefühl rückwärts zu fallen und wenig später wurde ich dann, normal im Bett liegend wach. Es war mitten in der Nacht, etwa 2 Uhr, halb 3. Offenbar war meinem Körper nichts passiert. Ich machte erst einmal Licht an, saß zitternd auf meinem Bett mit einem großen Fragezeichen über meinem Kopf. Was war das denn??

Es gab viele Fragen und wenig Antworten.

Etwa in dieser Zeit hatte ich auch einen sehr interessanten und klaren Traum, doch bevor ich fortfahre möchte ich auf dieses Wort „Traum" näher eingehen. Ob es in indigenen Sprachen andere Worte dafür gibt, weiß ich nicht. Es ist aber anzunehmen, denn die alten Völker wussten mehr über solche Dinge. Für sie war die Beschäftigung mit geistigen Dinge, was wir „Spiritualität" nennen, normaler Alltag.

Aus meiner heutigen Perspektive ist dieses Wort „Traum" nur eine Art unbeholfener „Verpackung" für alles was im Geist in der Nacht passiert.

Es gibt nur dieses eine Wort in unserer Sprache - wir schlafen und wenn wir etwas sehen und uns daran erinnern, dann wird es in diesen Container geworfen. Es entspringt unserer Fantasie und unserem Unterbewusstsein, und so hört man, würden Dinge und Szenen die man am Tag erlebt hat verarbeitet und das ist schon so ziemlich alles, was diesem Zustand zugestanden wird.

Man bekommt quasi aus dem Unterbewusstsein Träume, welche mittels Symbolen und versteckten Zeichen zu uns sprechen, und uns also so Hinweise für unser Leben geben.

Das mag zu einem gewissen Teil möglicherweise stimmen, doch erlaube mir ein paar Fragen zu stellen.

Woher würden diese Hinweise, die mittels Symbolen zu uns kommen, stammen? Es soll aus dem schwammigen Begriff „Unterbewusstsein" stammen, wobei meine nächste Frage lautet: Gibt es wirklich verschiedene „Bewusstseine", oder ist da nur allumfassendes Bewusstsein?

Warum sind dann, wenn es sich um Hinweise handelt, die Träume und Symbole derart verschlüsselt, dass sie unser normaler Verstand nicht verarbeiten und verstehen kann, selbst wenn wir uns an die normalen, vielleicht aber auch heftigen Träume gut erinnern können?

Wäre es nicht sinnvoller, falls es eine Hilfe darstellen soll, die Situation so wie sie sich uns im Leben präsentiert in aller Klarheit darzustellen, damit wir die Hilfe auch nutzen können?

Um dem Ganzen die krönende Abschlussfrage zu stellen: Wenn es sich um wichtige Hinweise handelt, warum träumst du und vergisst diese Träume dann oft gleich nachdem du wach wirst? Manchmal kannst du förmlich zusehen, wie diese Träume verblassen. Würde das Sinn machen?

Wenn ich der große „Traumzauberer" wäre und dir nun einen guten Hinweis für dein Leben geben wollte, würde ich dann nicht alles daran setzen, dass du diesen Hinweis auch voll und unmissverständlich mitbekommst, sodass du ihn auch wirklich umsetzen könntest?

Wie oft bist du morgens aufgewacht und du hattest nur ein vages Gefühl von der letzten Nacht. Du weißt du hast etwas erlebt oder du fühlst dich, als hättest du gearbeitet oder etwas schwieriges getan. Du bist müde und ausgelaugt und womöglich hast du ein schlechtes Gefühl und weißt nicht einmal, woher das kommt. Hört sich dies nach „Verarbeitung vom Tag" oder einem „Hinweis" an, wie man gewisse Dinge besser machen kann?

Nein, da muss mehr dahinter stecken, als diese schwammige Erklärung mit der Verarbeitung und den Hinweisen.

Was sagt dir deine Intuition dazu? Was „weißt" du, ohne zu wissen woher das Wissen kommt?

Die herkömmliche Definition eines Traumes (aus Wikipedia)

„Als Traum im engeren Sinne,", so lese ich als Definition, „wird das psychische Erleben im Schlaf bezeichnet, das überwiegend von visuellen und akustischen Wahrnehmungen geprägt ist. Kognitive Fähigkeiten wie begriffliches Denken und kausal-logisches Erinnern treten dabei in den Hintergrund. Während des Traumgeschehens ist eine Unterscheidung zwischen psychischem Erleben und körperlicher Sinneswahrnehmung aufgehoben, wodurch innere psychische Prozesse als äußere physische Realität erlebt werden. Die meisten Träume sind nach dem Erwachen oft schwer oder überhaupt nicht erinnerbar."

Diese Definition macht mich stutzig und wiederspricht meinen Erfahrungen komplett, was mich dazu verleitet zu behaupten, dass ich nicht träume. Es ist etwas anderes.

Ein großer Unterschied ist, dass ich mich absolut ganz und komplett getrennt von meinem momentan schlafenden Körper wahrnehme, wobei ich später noch darauf eingehe, wie ich in diesen Zustand komme. Hier gibt es definitiv mehrere Möglichkeiten um dorthin zu gelangen.

Es gibt Behauptungen, man solle in diesem Zustand auf keinen Fall an seinen menschlichen Körper denken, denn sonst sei man sofort wieder zurück. Ich kann dem nicht zustimmen und ich habe mich mehr als einmal gefragt, was eigentlich gerade mein menschlicher Körper macht, während ich mich aktiv bewege und agiere. Ich habe keinerlei Wahrnehmung von ihm, er funktioniert scheinbar auf Sparflamme und ohne, dass mein menschlichen Ich-Bewusstseins anwesend ist. Eine Antwort auf diese Frage bekam ich einmal von einer Freundin, die neben mir schlief als ich so ein Erlebnis hatte: mein Körper schläft. Es ist kein unnormales Zeichen zu erkennen.

Die Realität in der ich mich nach Verlassen des Körpers bewege, ist für mich genau so real wie diese, die uns hier umgibt und ich nehme mich ebenso aus der Ich-Perspektive wahr. Mein Geist ist dabei absolut klar und ich kann sehen, hören, denken, frei handeln und entscheiden und kommunizieren. Außer Schmecken habe ich alle menschlichen Sinne dabei, doch gibt es gewisse Unterschiede in der Wahrnehmung, das ist nicht zu leugnen.

Ich möchte hier noch einmal darauf hinweisen, dass es sich hier um meine Wahrnehmung handelt. Es gibt sicherlich genug andere Menschen die andere Eindrücke haben und welche, die sich auch in ganz anderen Bereichen des Bewusstseins einklinken können. Der Bereich den ich „bereise" ist möglicherweise recht nahe am oder im menschlichen Bewusstseinsfeld, doch entspricht dies auch meinem momentanen Anliegen, eben etwas mehr Licht in diesen wichtigen menschlichen Bereich „Schlafen/Träumen" zu bringen. Schließlich schlafen wir jede Nacht und träumen ebenso viel.

Nun zunächst weiter mit dem Traum, den ich dir erzählen wollte. Ich verspreche dir, das Ende ist mehr als interessant.

Bevor ich beginne solltest du wissen, dass ich nur sehr begrenzt kirchlich erzogen wurde. Ich bin evangelisch getauft, bin zum Konfirmandenunterricht gegangen und hatte, wie so ziemlich jeder Schüler, Religionsunterricht. Damit erschließt sich meine religiöse „Ausbildung" auch schon.

Eines Nachts also, im Jahr 2003, träumte ich einen ziemlich realistischen Traum. Hier stimmt es, dass ich die Szenen wie in einem Film betrachtete und nicht selbst handelte. Dennoch war es ein prägendes, weil sehr beeindruckendes Erlebnis.

Ich wurde von einem Mann in einen Raum geführt und rechts in der Ecke, da saß Jesus vor einer Art kristallenen Pyramide. Vor ihm lag ein schwarzer Edelstein, an dem eine Kette war. Der Mann, der mich hineingeführt hatte, sagte nun, es sei mir erlaubt „Ihm/Jesus" eine Frage zu stellen. Damals trug ich immer einen Bergkristall um den Hals und aus heutiger Sicht zielte meine Frage auf diesen Stein ab.

Ich fragte Jesus also:"Kann ich durch diesen Stein andere Menschen heilen?"

Ich weiß nicht mehr warum ich genau diese Frage stellte, doch ich tat es.

„Nein!", antwortete er, „Aber warte, ich gebe dir etwas!", und er nahm ein dunkelrotes Pulver mit einem gewissen Anteil an silbernen Pigmenten darin und rieb mir damit meine Brust ein.

Plötzlich nahm ich meinen Zwillingsbruder neben mir wahr und Jesus nahm ein anderes Pulver, auch rot, aber in der Farbe heller. Damit machte er auf meiner, und auf der Stirn meines Bruders ein Kreuz und verband diese durch die Luft miteinander. Das Nächste war, dass wir uns alle gleichzeitig umarmten und wir vor Freude weinten.

Jesus kehrte dann wieder an seinen Platz zurück und ich wurde in einen anderen Raum geführt. Hier saß eine Anzahl Menschen an u-förmig aufgestellten Tischen und ich nahm Menschen verschiedener Herkunftsorte wahr.

Der Reihe nach sagen sie nun Loblieder und wer nicht mochte, der mochte einfach nicht. Es war egal, dann sang eben der Nächste. Ich erinnere mich, dass eine türkische Frau in ihrer Sprache sang.

Hier war der Traum zu Ende. Ich wachte auf und wusste, dass etwas bedeutendes geschehen war. Ich wunderte mich zwar warum gerade ich von Jesus träumte, aber naja, ich nahm es so an.

Ich versprach dir ein interessantes Ende und möchte es dir nicht vorenthalten.

Einige Wochen später, war ich bei meinen Eltern in Deutschland zu Besuch und mein Sohn stand im Wohnzimmer meiner Eltern vor mir.

Irgendwie fiel das Wort „Kreuz" und mein Sohn deutete mit einem Mal mit seinem Finger auf mich und sagte : "Ja, du hast ja ein rotes Kreuz auf der Stirn, muss ich schnell blau machen!"

„Woher weißt du das??", fragte ich. Schulterzucken.

Kannst du dir meine Verwunderung damals vorstellen? Sprichwörtlich fiel mir die Kinnlade herunter. Mein Sohn war damals 6 Jahre alt und eine zeitlang konnte er sich später noch daran erinnern. Heute ist er 13 Jahre alt und es ist leider vergessen und verblasst. Ich hätte gerne gewusst, woher er es wusste.

Wie gesagt, zu diesem Zeitpunkt wurde ich das erste Mal mit diesen seltsamen Fügungen und nächtlichen Erlebnissen konfrontiert. Ich hatte es weder unter Kontrolle, noch wusste ich im Ansatz womit ich es zu tun hatte. Es erschreckte mich, doch machte es mich auch neugierig.

Meine Ausbildung zum Elektroniker in Linz begann und damit eine sehr intensive Zeit. Mehrfach hatte ich das Gefühl beim Mittagsschlaf von der Couch zu rollen und hinunter auf den Boden zu fallen. Im Schrecken des Fallens wachte ich oft auf und nahm mich dann „normal" liegend, in der Position in der ich eingeschlafen war, wahr.

Natürlich wollte ich irgendwann wissen, was da eigentlich mit mir passierte und so recherchierte ich im Internet. Ich stieß dabei auf Seiten, die mir haargenau die Schritte und Techniken darstellten, die ich ohne sie zu lernen, automatisch und ohne mich vorher damit auseinandergesetzt zu haben durchführte. Ich war weiter irritiert und noch verwunderter als vorher.

All diese Dinge häuften sich und manchmal sah ich mich von außen in kurzen Sequenzen im Raum schweben, doch immer eher passiv als Beobachter. Ich schwebte einmal abwärts durch den Boden meines Zimmers in Linz und einmal, ich würde es heute noch schwören, war da eine Gruppe Menschen in der Nacht in meinem Zimmer. Mein Wohnungskollege versicherte mir X-Mal, dass es nicht möglich sein könne, weil die Wohnungstür verschlossen war und er auch keinen Besuch hatte. Ich weiß bis heute nicht, was da los war.

Das alles waren tatsächlich erst die Anfänge, meine erste Berührung sozusagen. Ich war passiver Beobachter, vielleicht um mich an die Sache zu gewöhnen.

Irgendwann kamen dann auch die Erlebnisse des weggezogen Werdens wieder, die ich am Anfang des Buches beschrieben hatte. Diesmal kamen sie mit einer solchen Vehemenz, dass ich es mit der Angst zu tun bekam und ich mich schon nicht mehr traute einzuschlafen. Immer noch waren Herr Teufel und Konsorten in meinem Verstand aktiv und wieder kämpfte ich jedesmal dagegen an.

Ich benötigte Hilfe, nur woher könnte die wohl kommen? „Hilfe" war schon unterwegs, nur wusste ich es noch nicht!

Die Ausbildung in Linz umfasste auch technisches Englisch, speziell für Elektrotechnik. In dieser Klasse standen zwei Computer mit Internetzugang und da ich damals oft der erste Anwesende in der Klasse war, nutzte ich die Gelegenheit mich etwas umzuschauen.

Mit dem Gedanken :"Mal sehen was für Seiten man hier in der Klasse so anschaut...", öffnete ich im Browser die Historie der Adresszeile und mir fiel eine Seite ins Auge, die mich sofort interessierte. Da stand : „www.angel-on-earth.com" und das zog mich an.

Also schaute ich dort nach und die Seite führte mich zu Karina, einer Frau, die scheinbar Kontakt mit höheren Wesen, Engeln und Meistern herstellen konnte. Telefonnummer notiert, das war es. Am Wochenende wollte ich dort anrufen und einen Termin vereinbaren. Das mir Karina schon vorher im Laufe der Woche mindestens zweimal über den Weg lief, konnte ich nicht ahnen. Das erste Mal kam sie im Digitaltechnik-Unterricht in unsere Klasse, weil ihr Computer von meinem Lehrer repariert wurde.

Das zweite Mal setzte ich mich durch „Zufall" in der Kantine genau neben sie, ohne zu wissen wer sie ist. Das Aha-Erlebnis kam dann, als ich mich nach vereinbartem Termin das erste Mal mit ihr traf. „Dich kenne ich doch....!"

Karina konnte mir einen großen Teil meiner Angst nehmen und in Vertrauen umwandeln und ich bin ihr unendlich dankbar dafür. Es ist rein spekulativ zu fragen, ob ich ohne sie heute immer noch in Angst leben würde, wahrscheinlich hätte ich jemanden anderen gesucht und gefunden, denn die Erlebnisse waren einfach zu akut damals.

Erleichtert kehrte ich heim und das nächste nächtliche Erlebnis lies nicht lange auf sich warten. Diesmal vertraute ich, obwohl ich wieder - nur sprichwörtlich gesehen - die Hosen voll hatte. Ich beschwor Jesus und die Engel, und überhaupt alle die mir einfielen - denn man kann ja nie wissen - und dann nahm ich einen „Sog" nach innen wahr. Ich kann es nicht anders beschreiben, es war eine Verdichtung auf einen Punkt, ausgehend vom Bereich meiner Stirn. Ich beobachtete mich seitlich parallel aus dem Körper austreten, zunächst in der Ich-Perspektive und dann aus einer etwas erhöhten Perspektive von außerhalb.
Dann wurde das Sichtfeld schwarz und ich spürte eine weitere „Verdichtung". Ein Gesicht erschien, ich erinnere mich, dass es bläulich wirkte und „wie hinter Wasser" erschien. Ich dachte sofort :"Den kenn ich doch!!", und ich vernahm den Spruch :"Nimm morgen. Gib morgen!"

Na super! Was soll das denn für eine Botschaft sein? „Wie bitte? Ich versteh nicht! Was bedeutet das???", aber es war schon vorbei.

Ich wurde wach und fühlte, dass da gerade etwas ganz wunderbares und großartiges passiert war. Glaub mir wenn ich dir sage, dass nur ein einziges solches Erlebnis die gesamte Weltanschauung zunächst zusammenbrechen lässt, um sie danach um ein vielfaches größer wieder neu aufzubauen.

3. Der Versuch die Realität und Wirklichkeit zu erfassen

Ich habe zwar Menschen getroffen, die ähnliche oder zu einem Teil gleiche Erfahrungen gemacht haben, aber dennoch scheint es (noch) die Ausnahme zu sein, auch wenn ich in meinem Umfeld merke, dass sich auf dem Gebiet einiges tut und immer mehr Menschen mehr Zugang zu anderen Ebenen der Realität bekommen.

Hier ist der springende Punkt. Was ist Realität?

Auszüge aus einem Beitrag im Wikipedia über die Begriffe Realität und Wirklichkeit.

„Real ist dabei das, was auch außerhalb des Denkens existiert, d.h. unabhängig vom nur Gedacht-Sein: Inhalte von Vorstellungen, Gefühlen, Wünschen, Wahrnehmungen u.ä. gelten im Alltagsverständnis zunächst einmal als nicht der Realität zugehörig.“

„Der Begriff „Wirklichkeit“ erklärt im Unterschied zum Begriff Realität reale Dinge als Dinge, die eine Wirkung haben oder ausüben können.“

Offenbar besteht hier ein Gegensatz, denn schon der harmlose Begriff „Liebe“ scheint damit unreal zu sein aber der Wirklichkeit zu entsprechen. Da soll sich einer auskennen.
Für mich ist die Liebe sehr real.

Ist die sogenannte Realität oder die Wirklichkeit objektiv, oder ist sie eher subjektiv und vom Betrachter abhängig?

Gilt dann ein Erlebnis welches ich auf einer anderen Ebene habe und ich es sozusagen hautnah erlebe - sprich sehe, fühle, höre – als unrealer als die Realität die ich hier Tag für Tag erlebe?

Ich rede hier in erster Linie nicht von Gedankenreisen, bei denen ich mir vorstelle ich wäre auf einer Südseeinsel, nein, ich meine *richtiges* erleben.

Wenn ich mich genauso „mitten drinnen“ er*lebe* wie auf der Erd-Ebene, dann ist es für mich ebenso real und wirklich. Die Auswirkungen auf meinen

Körper sind nicht die Gleichen, das ist wahr, doch wenn ich Realität nur dann als solche anerkenne, wenn ich den Maßstab „meiner" Heimat-Ebene anwenden kann, dann werde ich alles was ich außerhalb dieser erlebe, als unwirklich und unreal verurteilen und ablehnen.

Klartext:
Auf dem Mond könnte ich ziemlich weit springen. Gesetz den Fall ich würde dort wohnen und nichts anderes kennen und ich wäre Besucher auf einer anderen Ebene, zum Beispiel der Erde, dann wäre es sinnlos Mondmaßsstäbe anzuwenden. Wenn ich stattdessen auch noch in einer Welt wäre, in der total andere physikalische Gegebenheiten vorherrschen würden, dann müsste ich mich an diese Realität dort anpassen und damit leben.

Über Jahre des erlebens und erfahrens würde mein Verstand diese Ebene dann irgendwann als „real" anerkennen. Der Verstand – aha! Dieser ist mal mit Sicherheit subjektiv und gefärbt durch meine momentane Sichtweise. Wieviele menschliche Subjekte gibt es eigentlich allein auf der Welt? Wieviele Sichtweisen gibt es dann im Moment? Wieviele menschliche Sichtweisen bereits verstorbener Menschen kommen hinzu?

Nun bedarf es wohl einer genauen Untersuchung des Begriffes „Realität" und das ist sicher nicht so ganz einfach. Möglicherweise benutzen wir das Wort zu leichtfertig und meinen etwas anderes. Womöglich sollten wir die Begriffe komplett neu definieren.

Aus menschlicher Sicht bin ich in diesem definierten Rahmen des „Menschseins" eingebunden. Ich kann den Erfahrungsbereich zwar stark erweitern, persönliche und spirituelle Erfahrungen sammeln und Fähigkeiten entwickeln, doch schließlich und endlich werden meine Erfahrungen durch meine menschlichen Verstandes-Filter erklärt und gesehen und Handlungen und Taten durch mich als Mensch ausgeübt. Damit bin ich an diese Gegebenheiten ein Stück weit gebunden.

Mein Verstand wird das gerade Erlebte versuchen zu erklären und wenn er das konkret nicht kann, dann wird er Analogien dafür suchen. „Es sah aus wie...", „Das fühlte sich an wie...", und so weiter. Diese Filter nun wiederum setzen sich aus Mustern, Glaubenssystemen, Werten und Erfahrungen aus meinem früheren Leben zusammen. All diese Dinge und vieles mehr, formen das von mir momentan gelebte Weltbild.

Diese von uns erlebte Wirklichkeit findet immer im „Jetzt" statt, sie kann nur dort sein. Vergangenheit und Zukunft existieren nur in der menschlichen Vorstellung.

Im vorherigen Kapitel beschrieb ich den Aspekt „Carsten 2000" aber der ist in der Vergangenheit und damals war meine Denk und Sichtweise komplett anders als heute, im Jahre 2009.

Der Aspekt „Carsten 2025" existiert zwar heute schon als Potenzial - als eine Reihe von zig verschiedenen Möglichkeiten - doch ist dieser Aspekt momentan für mich noch nicht voll greifbar, denn auf dem Weg dorthin werden sich unzählige Erfahrungen und Gegebenheiten in mein Leben mischen.

Wo werde ich sein? Welche Menschen umgeben mich, welche werden nicht mehr da sein. Welchen Beruf übe ich aus? All das ist potenziell schon angelegt. Im schlimmsten Fall, aus menschlich dramatisierter Sicht gesehen, könntest ich annehmen, ich wäre bis zum Jahre 2025 schon verstorben, doch ich gehe jetzt einmal davon aus, dass ich zu diesem Zeitpunkt noch quietschfidel auf der Erde herumlaufe.

Wenn dieser Aspekt „Carsten2025" also JETZT schon vorhanden ist, auch wenn es nur in einem Potenzial oder einer Reihe von Möglichkeiten existiert, dann müsste ich doch auch in der Lage sein, Teilaspekte davon heute schon „in meine heutige Wirklichkeit" zu holen. Klingt das absurd? Ja, weil es nicht nachprüfbar ist, stimmts?

Wenn ich als Beispiel nicht so weit in die Zukunft gegangen wäre, also sagen wir nur eine Woche, dann wärst du schon eher bereit, dies zu akzeptieren. Es ist für den Verstand leichter greifbar. Vielleicht würdest du einen Monat noch anerkennen, aber „Jahre"?

Ich kann dir tatsächlich ein Beispiel nennen, bei dem eine Freundin von mir es mithilfe dieser Technik geschafft hat, die Krankheit „Hypoglykämie" aus ihrem System zu entfernen. Sie ist tatsächlich in ein Leben „nach" diesem jetzigen erlebten gegangen und hat sich diesen gesunden Teil geholt und auch wenn du es nicht glauben kannst, versuche hier größer und weiter zu denken. Das Beispiel soll dir Möglichkeiten aufzeigen und wenn du es ablehnst, dann ist das absolut okay. Ich bin sicher, dass derjenige der es möchte sehr schnell „realistische" Erklärungen dafür findet, warum diese Krankheit verschwand. Ich versuche hier nur ein erweitertes Bild zu zeichnen.

Gut möglich, dass es leichter für dich ist wenn wir zunächst in die andere Richtung gehen, zurück in die Vergangenheit und wenn wir dort die Bereiche „Realität und Wirklichkeit" untersuchen.

Wie „wirklich" ist denn eigentlich unsere „Geschichte". Da stehen interessante Dinge in Geschichtsbüchern und wir lesen sie wie selbstverständlich und als wären sie unverrückbar so gewesen.

Ob es tatsächlich damals so gewesen ist, dass lässt sich bei genauerer Betrachtung nie wirklich bis auf den letzten Punkt sagen, denn ob es ein Buch ist was aus der Weltsicht des Authors geschrieben wurde, ein Film ist, wo das Gleiche für den Regisseur gilt, ob es ein Monument ist oder ein Denkmal, wir können jeweils nur die Umstände erahnen. Wir können Theorien aufstellen und als gegeben annehmen, doch wird sich die Wahrheit vollends nur schwer nachvollziehen lassen.

Irgendwie scheinen der Betrachter, die *Wirklichkeit* und der *Augenblick des Jetzt* also immer miteinander Hand in Hand zu gehen.

Die Wirklichkeit erschließt sich nur aus den Augen des Betrachters und der momentanen Situation. So geht es auch mit unserem Leben – unserer Geschichte - , denn wir sehen unser bis jetzt gelebtes Leben ebenso nur aus *unserer* Sicht. Unsere Eltern oder Geschwister, Freunde und selbst Menschen die uns dabei am Nahesten stehen oder standen, würden uns ein komplett anderes Bild geben. Wir können selbstverständlich früher erlebte Dinge *heute* anders bewerten und damit uns und unser Leben in Hinblick darauf komplett ändern. Dies geht, wie wir aus meinem ersten Buch „Der Apfelkern" wissen, in einem Wimpernschlag, wenn wir es zulassen.

So zerfällt die Unverrückbarkeit der Worte Wirklichkeit und Realität und das, was wir als „fest" und „starr" ansahen, ist ein absolut dynamischer Prozess.

Nun sind da die Wissenschaften, die die Dinge als real ansehen und sich an Dinge klammern, die wiederholbar im Labor nachgewiesen werden können. Diese Dinge sind real, statisch und fest, sie folgen Regeln, die uneingeschränkt und überall nachstellbar sind. Das wird dann als die Realität anerkannt.

Nicht zu ersten Mal würden Regeln von der Wissenschaft selbst geändert und revidiert, so viel ist aus der Geschichte ersichtlich und die unverrückbaren physikalischen Regeln brechen dann sogar zusammen, wenn „normale" Physik auf die „Quantenphysik" trifft.

Plötzlich gelten gewisse Regeln nicht mehr und die verflixten Teilchen machen einfach nicht mehr das, was sie tun sollen. Anscheinend gibt es hier ebenfalls verschiedene Wirklichkeiten. Vielleicht ist es so, dass der menschliche Verstand einfach etwas braucht woran er sich halten kann und die scheinbare Eingrezung, Festigkeit und Definition der Dinge gibt diese Illusion perfekt wieder.

Ein neuer Ansatz muss her und möglicherweise existiert eine Realität, die quasi „über" Allem schwebt und die einfach alle Ebenen, die physischen und nicht physischen Wirklichkeiten einschließt.

Ob diese Realität am Ende unverrückbar ist, bezweifel ich sehr, wir sind viel zu gewitzt um das zuzulassen. Ich würde es sogar bezweifeln ob wir als Mensch die tatsächliche Größe unserer Schöpfung auch nur ansatzweise begreifen können und vielleicht ist es einfach auch nicht nötig, angesichts der Tatsache, dass wir momentan hier auf der Erde sind und es irgendwann eh wieder erfahren werden. Doch bleibt die Neugier und die ist ein interessanter Motor, sofern man gewisse Ängste, wie in meinem Fall, überwinden *lernt* – nicht „überwinden kann", denn man „kann" ganz sicher.

Leben ist dynamisch und wenn die Realität das ist, was mit unverrückbar betitelt wird, dann ist Leben total unrealistisch - ach ich liebe es mit Worten zu spielen!

Für uns ist es schier unvorstellbar mehrdimensional zu denken. Wir sind es zwar, doch ist dies derart gut versteckt, dass wir in einen Spiegel schauen können und es nicht erkennen. Wir haben es so gut getarnt und uns gegenseitig darin derart bestärkt es nicht sehen zu können oder zu wollen, dass wir es ganz sicher wissen, dass es nicht da ist - ja, wir glauben es nicht nur, wir wissen es sicher. Grandios! Gott spielt mit sich selbst verstecken und kann sich nicht mehr finden, selbst wenn er sich in seine Augen schaut. Ein, zwei, drei – ich komme!

Offenbar gibt es immer wieder Menschen die Zugänge zu anderen Ebenen haben und ich kann mich dazu zählen, doch fühle ich mich nicht besser oder schlechter als du. Manche Menschen rennen unglaublich schnell, springen unglaublich weit oder können mit ihrem Verstand unglaubliche Rechenaufgaben lösen ohne zu ahnen, warum. Sie können es einfach.

Nun zurück zu der Vision mit dem Männergesicht, du erinnerst dich. Ich überwand die Angst, sah mich seitlich parallel aus dem Körper gleiten und nahm dann dieses Gesicht wahr, welches mir diese komische Botschaft gab, mit der ich nichts anfangen konnte.

Meine Weltanschauung erweiterte sich nach diesem ersten Erlebnis enorm. Plötzlich konnte ich meine Erlebnisse anders sehen und in ein neues Licht setzen. Ich begann die Erlebnisse in ein Tagebuch aufzuschreiben und mich auf jede Nacht zu freuen. Was würde wohl wieder passieren? Wie würde es weiter gehen?

Bis hier hatte ich zwar schon einiges erlebt, doch von „Fähigkeiten" kann ich dabei noch nicht sprechen. Dies sollte sich erst im Laufe der Zeit ändern.

4. Mein Tagebuch

Viele Einträge im meinem „Tagebuch" sind Zusammenfassungen, viele Erlebnisse habe ich nicht eingetragen und eine gewisse Zeit habe ich sogar gar nichts hineingeschrieben und eine Pause gemacht. Trotzdem ist es inzwischen auf über 35 Seiten angewachsen und ich finde es spannend, weil es dokumentiert, wie meine Entwicklung bis heute vor sich ging. Es ist so viel passiert und ich werde es im Folgenden zu Hilfe nehmen und manche Erlebnisse daraus zitieren, erklären und für weitere Ausführungen heranziehen.

Mein erster Eintrag war in der Nacht vom 27.5. auf 28.05 2005 Fr/Sa

Ich schrieb:

Der „Geist" sehr aktiv, viele Gedanken, spüre Anwesenheit, Vibrationen (Brummen)
Dann Gefühl nach rechts zu rollen und herunter (heraus) zu fallen. Leichtes Gefühl von Schweben, ich versuche etwas zu sehen, es ist aber alles schwarz.
Nach ein paar Sekunden Schweben und Abwarten wird mir die Sache zu unsicher. Ich kehre zurück und werde wach.
Der Geist ist nach wie vor sehr aktiv, ich schlafe nicht, habe aber die Augen geschlossen.
Viele Gedanken, dann Eindruck als ströme Energie in mich hinein. (wie bei der Vision mit dem Gesicht), es erscheint aber keine Vision.
Dies alles passiert 2 oder dreimal. Um ca. 1:40 ist alles vorbei.

Gerade am Anfang war ich äußerst aufgeregt wenn etwas passierte, - irgendwie auch verständlich, denn ich wusste ja, dass da was außergewöhnliches mit mir passierte. Ich wusste nur nicht was!

Die Vibrationen die ich dort beschreibe, habe ich heute nicht mehr in der Art, heute ist der Übergang viel weicher. Damals nahm ich, nachdem ich bewusst wurde, einen lauten vibrierenden Brummton wahr, der aus einer Ecke des Raumes zu kommen schien. Erst spürte ich ihn weiter weg, dann nahm ich ihn direkt bei mir wahr, ja es schien, als wäre dieser Ton „in" mir. Diesem Ton folgte das, was ich hier als Energieschub andeute, doch das ist nur ein Hilfswort für das, was ich dabei fühlte. In der Tat fühle es sich an, als durchströmte mich eine heftige Energie oder ein Strom.

Wie du hier lesen kannst, war ich nur passiv der Beobachter. Etwas passierte und ich schaute es an, zwar mit Skepsis, doch ich ließ es zu. Ich hatte einfach das Vertrauen, dass mir nichts passieren kann. Ich wusste es einfach, obwohl ich mich zuerst an die Erfahrung gewöhnen musste.

Über diesen Ton und die Vibrationen wird übrigens öfter in der Literatur über außerkörperlichen Erlebnisse berichtet und gerade am Anfang kann dies in Verbindung mit dem Gefühl des „nicht sehen können" und dem „Spüren das da wer ist", Angst machen.

Ich wage zu behaupten, dass dieser Ton einfach eine Schwingungserhöhung meinerseits war.

Manchmal hat sich diese starke durchströmende Energie als eine Art Wasserstrahl angefühlt, sie war abgegrenzt und am Körper entlang wandernd, spürbar.

19.06 auf 20.06.2005 So/Mo

Eine merkwürdige Nacht!

Wieder dieses Gefühl von Energie wie Elektrizität, ebenfalls wieder mit Wärmegefühl.
Ich habe das Gefühl Treppen hinunter zu steigen, immer tiefer. Zwischendurch der Gedanke das dies mein Unterbewusstsein ist. Da sind Türen, aber ich gehe noch tiefer.
Plötzlich stehe ich vor dem Keller neben dem von meinen Eltern. Ich erinnere mich, dass ich als Kind Angst davor hatte dort unten zu sein. Ich schaue hinein aber da ist nichts außer Regalen. Ich schaue weiter und stehe vor einem weiteren Keller. Dort ist plötzlich ein kleines Mädchen, welches sich auf die Frage wer sie wirklich sei in so einen kleinen außerirdischen Kerl mit großen Augen verwandelt. Ich verbiete ihnen weiter zu mir zu kommen.

Weiter in dieser Nacht: Ich habe das Gefühl als würde ich nach vorne aus dem Bett fallen. Ich berühre den Boden und denke wirklich darüber nach ob es real ist oder Traum. Der Boden fühlt sich wirklich massiv an! Dann habe ich das Gefühl, als würde sich etwas auf mich legen. Es ist sehr viel passiert in der Nacht, doch ich kann mich nicht mehr an alles erinnern.

Dieses Wärmegefühl was ich beschreibe habe ich heute auch noch. Ich weiß nicht, ob es wegen der Schwingungserhöhung ist, oder nicht. Ich habe es jedenfalls sehr häufig und eigentlich immer dann, wenn ich etwas erlebe. Mein Gefühl sagt, dass es damit zusammenhängt.

Dies hier würde ich im ersten Teil eher als klaren Traum ansehen, doch wie man sieht, habe ich es doch ziemlich ernst genommen und diesen Wesen verboten wiederzukommen. Ich glaube, dass wir ganz genau wissen, was wann mit uns passiert und so ist es gut, dass ich es mir zu meiner Angewohnheit gemacht habe, auf mein Gefühl zu hören. In dieser Situation sind die Dinge real und ich kann da eigentlich gar nicht anders handeln. Es fühlt sich echt an, doch die Dinge treffen weitaus ungefilterter auf mich, als sie es auf der Erde tun.

Wie ernst ich die Sache mit dem Außerirdischen nehmen soll, kann ich nicht mal heute sagen. Ich habe vor Jahren selbst eine Frau kennengelernt, die mit genau solchen Wesen extrem viel zu tun hat. Ich will es nicht ausschließen, es gibt zig berichtete Fälle und sogar Gruppen in denen sich mit dem Thema konfrontierte Menschen regelmäßig treffen und austauschen. Das ist allerdings das einzige Mal, dass *ich* so ein Erlebnis hatte.

Hier tritt dann auch das erste Mal eine Besonderheit auf, die bei meinen Austritten fast durchgängig auftritt. Dinge erscheinen mir massiv und oft konnte ich den Unterschied zur „normalen" Welt zunächst nicht erkennen. Was noch auffällt ist, dass ich hier das erste Mal halbwegs handelte und die Dinge untersuchte. Ich fühlte den Boden und registrierte ihn als fest.

Ein kleiner Exkurs in Sachen Schlaferfahrung steht an. Scheinbar gibt es mehrere Stufen hier und ich werde probieren diese aus meinen bislang gewonnen Erfahrungen zu beschreiben. Dabei ist mir eines bewusst und ich kenne genug Menschen die solche Erfahrungen als „nichtig" und „wertlos" erachten – ich liefere weder eine vollständige Erklärung noch beanspruche ich eine allgemeine Wahrheit zu kennen. Ich kenne meine Erfahrungen und meine Wahrheit, das ist alles.

Menschen die meinen, dass die Nähe zur Erd- oder Menschen-Ebene ein Anzeiger für spirituelle Entwicklung ist, sollten bedenken, dass sie HIER sind *weil sie es wollten* und nicht in einer menschlichen Erfahrung stecken, um möglichst schnell wieder davor zu flüchten. Ich stimme zwar zu, dass wenn man die Zeitung aufschlägt und im Fernsehen die Nachrichten schaut, einem oft zum Weglaufen zumute sein kann und mir geht es da auch oft so, doch wir sind nun hier und dies aus gutem Grund. Wir leben in dieser Welt in einem Körper, der als Erweiterung unseres Seins dient.

Ich finde und habe beschlossen, dass es an der Zeit ist die verlorenen Fähigkeiten wieder ZUM Menschen zu bringen und nicht vor dem Menschsein wegzulaufen. Ich denke, dass ich aus genau diesem Grund wählte mit dem Thema an die Öffentlichkeit zu gehen und meiner Meinung und Beobachtung nach wird eine Zeit kommen, da werden solche Erfahrungen wie ich sie mache immer häufiger vorkommen und wieder „natürlich" sein. Für den Fall, dass du solche Erfahrungen machst, möge das Buch dir Hinweise liefern. Es muss nicht jeder mit der selben Intensität die Angst erleben, die ich hatte.

5. „Traumstufen"

Die erste Stufe sehe ich als den „normalen" Traum, ich bin passiv und eigentlich läuft alles recht automatisch vor meiner Nase ab. Dabei bin ich oft Beobachter und Handelnder zugleich. Es kann durchaus sein, dass sich hier Themen die wir tagsüber aufschnappen oder mit denen wir konfrontiert werden einflechten. Dazu muss ich allerdings sagen, dass ich schon lange nichts mehr mit „mich verfolgenden Ungeheuern" oder mich „fressen wollenden Kartoffeln" zu tun habe, sprich total Angst machende oder unlogische Inhalte. Damit kann ich nicht dienen.

Vor kurzem hörte ich allerdings von einem Fall eines jungen Mannes, der Emotionen des Zornes und der Wut benutzt, um aus dem Körper zu treten und zu reisen. Angeblich, weil es erstens leichter ist es auszulösen und zweitens „es ihm mehr Spass macht und es aufregender ist". Ich verurteile es nicht, es ist seine Wahl. Wenn er daran mehr Freude hat, dann ist es okay für ihn. Ich für meinen Teil wähle diese Art nicht und mir sind diese Welten fremd.

In der zweiten Art des Schlaferlebens sind wir schon mehr bei der Sache. Wir erinnern uns ziemlich deutlich an die Szenen und diese brennen sich schon glasklar in unsere Erinnerungen ein. Ein Zwischenschritt zur nächsten Stufe ist es hierbei, wenn wir Dinge schon bewusst fühlen, trotzdem aber noch eher passiv sind.

Jetzt wird es schon spannender und ich hoffe du kannst mir folgen. Stelle dir vor du träumst, dass du schläfst und träumst. Für dich ist es so, als würdest du träumen und dann im Traum aufwachen. Das war es. Allerdings bist du jetzt nicht wirklich wach, sondern „nur" in deiner Schlaferfahrung. Du hast sozusagen die Ebene in und durch deinen Traum gewechselt. Jetzt bist du aufgestanden und bist klar im Kopf. Du kannst schon ziemlich gut handeln, kannst Entscheidungen treffen und die Räume durchwandern und dir alles anschauen. Nicht selten kannst du von dieser Ebene weiter gehen, etwa wenn du dich in einem Haus befindest und dieses dann verlässt. Plötzlich bist du wieder in einer anderen Welt.

Dieses Wechseln kann allerdings nicht nur auf diese Art erfolgen. Du kannst auch durchaus mitten in einem schon recht klaren Traum merken, dass du nur träumst. Du erkennst es als solchen und plötzlich kannst du dich frei bewegen. Ich hatte mehrfach solche Arten des Wechselns.

Die nächste Stufe ist durch das direkte Verlassen des Körpers, so wie du im Bett liegst, gekennzeichnet. Dies kann spontan auftreten, wie bei mir, oder du kannst es sogar erlernen. Ich werde später einige Hinweise darauf geben, wie du es fördern kannst. Ich möchte, dass du weißt, dass auch DU schon jetzt Nachts deinen Körper verlässt. "WAS?", höre ich dich entsetzt aufschreien! Ja DU. Jeder. Es ist ein natürlicher Vorgang und nichts außergewöhnliches an sich.

Fr 01.07.2005

Ich habe das Gefühl abzuheben und im Raum umher zu fliegen, sehe aber wieder nichts. Eine männliche Stimme spricht in Englisch zu mir und lädt mich ein weiter zu machen. Erst fliege ich im Kreis oder in einer Art Acht, dann geht es weit hinauf und rückwärts im Sturzflug hinab. Danach befinde ich mich wieder im Körper. Es ist jedes Mal diese Art Energie „wie Elektrizität" dabei. Ein leichtes Brummen ist dabei zu hören.

Diese „Flugübungen" waren teilweise derart heftig, dass ich an eine Achterbahn erinnert wurde, die ich früher überhaupt nicht mochte. So witzig es klingt, heute mag ich sie und habe keine Angst mehr davor.
Ebenso ist mir die Angst vor der Dunkelheit geblieben. Sie ist nicht mehr wirksam.

Einmal wurde ich regelrecht nach hinten aus meinem Körper „geschossen" und ich spürte eine wahnsinnige Geschwindigkeit und sogar Wind. Ein interessantes und intensives Erlebnis!

So 04.09.05 am Morgen

Ich träume, dass ich schlafe und träume. Etwas drückt auf meinen Rücken. Ich wache im Traum auf und sehe mich. Meine Augen bewegen sich ziemlich schnell, als träumte ich sehr stark. Ich kann nicht unterscheiden ob ich WIRKLICH wach bin oder schlafe. Es fühlt sich real an. Es folgt eine Sequenz in der ich fliege, es richtig genieße und die Umgebung wahrnehme. Ich kann sogar bewusst umdrehen und in eine andere Richtung fliegen

Ein Traum: Da ist eine andere Sequenz, etwas mit einer Urlaubsinsel. Ich schaue auf die Landschaft mit dem Meer und finde es so schön, dass ich vor Glück fast weine.

Diesen Druck auf meinem Rücken habe ich manchmal heute noch. Es fühlt sich jedesmal so an, als würde sich eine Art Energie komplett auf mich legen und leicht hinunter drücken. Ich kann nicht verleugnen, dass dies ziemlich bedrückend war, denn schließlich wusste ich nicht, worum es sich handelte und ich bekam es voll bewusst mit. Wie auch immer, heute weiß ich, dass es sich dabei um nichts schlimmes handelt. Wenn unterschiedlich hohe Energien aufeinanderprallen, so wird die niedrigere die höhere eher als einen Druck .

Ich denke, das bedarf einer weiteren Erklärung. Wie kann man sich das vorstellen? Was sind WIR eigentlich? Ich stelle wieder eine provokante Frage:

Wäre es möglich, dass wir in unserer Gesamtheit und Essenz vielleicht eine „Seelengruppe" sind, bestehend aus einzelnen Seelen oder Wesenheiten, die jeweils unterschiedliche Erfahrungen zu unterschiedlichen Zeiten und Orten machten?

Dies ist wieder nur die momentane, menschliche Sichtweise, denn nur hier in der Räumlichkeit der Physikalität und aus der Sichtweise des Menschen, entsteht das, was wir „Zeit" nennen.

Dieses Konstrukt „Zeit" ist dabei abhängig vom Ort, beziehungsweise mehreren Orten und der Bewegung eines Körpers in diesem Raum, plus jemanden der dies beobachtet und sein Bewusstsein darauf richtet. Sie ist als Konstrukt nicht abhängig vom Augenblick.

Wir wissen, zum Beispiel, dass unser Zug um17 Uhr Ortszeit and diesem speziellen Ort sein wird. Wir wissen, dass wir uns um 19 Uhr an einem speziellen Ort verabredet haben. Wir wissen wie lange wir mit dem Auto von „Ort A" nach „Ort B" brauchen.

Hast du jetzt ein großes Fragezeichen über deinen Kopf?

Schau, nehmen wir einmal an, ein Mensch in Amerika, einer in Europa und einer in Australien wären im selben Augenblick wach und sie säßen vor ihren Computern und redeten über das Konstrukt Zeit miteinander. Dies ist heutzutage über einen PC und Internet jederzeit möglich.

Jeder sagt, es ist „XY Uhr" und nun haben wir den Salat. Jeder sagt etwas anderes und meint den selben Augenblick. Somit ist Zeit ebenfalls subjektiv und, wie gerade gesehen, ortsabhängig.
Es gibt einen amerikanischen Countrysong, dessen Titel übersetzt ungefähr soviel bedeutet wie :"Irgendwo ist es immer 5 Uhr". Im Song ist es anders gemeint, doch hier passt es sehr gut hinein!

Ach ja und früher, da war es natürlich noch viel einfacher! Da gab es nur EIN „Neujahr", doch in Zeiten des Fernsehens und des Internets ist es nun leicht verfolgbar und klar, das Australien sich schon Stunden vor dem Rest der Welt das Beste für das kommende Jahr wünscht!

Meine nächste Frage nun wäre was es für eine Zeit im Weltraum gäbe, wenn unterschiedliche Astro- und Kosmonauten gemeinsam starten würden. Wenn sie sich an dem Konstrukt festhalten wollten, müssten sie sich auf irgendeine Referenzzeit einigen. So weit, so gut.

Sagen wir über Generationen wäre dieses Raumschiff unterwegs und die Erde längst weit weg. Wäre die Referenzzeit noch sinnvoll? Zerbricht das Konstrukt der Zeit?

Wenn es nun keine erlebbare Zukunft und keine erlebbare Vergangenheit gibt, was existiert dann außer dem „Jetzt"? Kannst du die Zukunft überhaupt erleben - kannst du die Vergangenheit erleben, oder sind diese beiden Dinge Konstruktionen in unserem Verstand?

Dieses „Jetzt" ist zeitlos, nicht einmal ein Punkt auf einer Zeitskala könnte es richtig definieren, denn ein Punkt ist auch dreidimensional und hat Raumkoordinaten und außerdem assoziieren wir einen Punkt als klein und begrenzt.

Das Jetzt „ist" einfach. Es entzieht sich allen möglichen Umschreibungen elegant, denn es ist alles was ist.

Ich hoffe du kannst mir noch folgen denn ich möchte dich für die Möglichkeit öffnen, dass das, was ich als Seelengruppe bezeichne, gleichzeitig mehrere Leben „betreut" , ein anderes Wort fällt mir nicht dazu ein. Wie ein Stern, der seine Strahlen von einer Gesamtheit in der Mitte ausssendet, so stehen wir in Verbindung mit diesem Höchsten unserer Gesamtaspekte. Was würde dann dagegensprechen, wenn wir als multidimensionale Wesen die wir sind, auch woanders physische und nicht-physische Inkarnationen hätten oder hatten?

Vor einigen Jahren lief eine, über einen Zeitraum, wöchentlich laufende Fernsehserie im österreichischen Fernsehen (ATV / Wer war ich?), in der Menschen in einen tiefen Entspannungszustand versetzt wurden und dann zurück in ein Leben weit „vor" diesem jetzigen Leben versetzt wurden. Sie wurden, so weit möglich, genau über ihr damaliges Leben und den Ort befragt und antworteten darauf so präzise es ging. Die Beschreibungen wurden mitgeschrieben und nach Ende der Sitzung wurde der Rückgeführte noch dazu aufgefordert, Zeichnungen von gewissen Bauwerken oder der Umgebung anzufertigen, soweit wie er oder sie sich erinnern konnte.

Im weiteren Verlauf suchte man den erlebten Ort im Atlas und fuhr dann dort hin. Die Rückgeführten hatten diesen Ort in ihrem jetzigen Leben oft noch nie gesehen, geschweige denn besucht und oft waren es kleine Dörfer oder Städte mit unbekanntem Namen.

Man forschte mit Hilfe ortsansässiger Historiker oder Menschen, die Zugang zu alten Archiven hatten, um weiteres über Namen, die Orte und die Lebensumstände der damaligen Zeit herauszufinden.

Die Reaktionen die beim Besuch auftraten waren derart berührend und von Fassungslosigkeit geprägt, dass der Rückgeführte oft in Tränen ausbrach und sich spontan an gewisse Erlebnisse und Einzelheiten von damals erinnerte. Es war offensichtlich, dass ein Zusammenhang bestand und die Reaktion war viel zu spontan, als dass sie vorgespielt werden könnte.

Offenbar hatten die Menschen diese Dinge erlebt und erinnerten sie sich daran.

Ich erinnere mich an eine Sequenz vor Jahren, in der ich aus einer Art Schule hinaus ging und einer Straße folgte. Ich ging dann auf einen See zu, der umrahmt war von einer unbeschreiblich schönen Landschaft. Vorne, rechts und links und in der Ferne waren schneeweiße Bauwerke zu sehen, welche ich in so einer Art hier auf der Erde noch nie gesehen hatte. Die vorherrschenden Formen waren oval und die einer Muschel, alles war mit Rundungen und Spiralen versehen und wirkte sehr filigran. Dieses Bild „fror" ein und ich begann tatsächlich im Traum zu weinen. Ob ich mich an etwas erinnerte oder ob ich einfach ob der Schönheit weinte, ich kann es nicht mehr sagen.

Was sagt die Wissenschaft?

Die Theorie der Quantenphysik erzählt uns, dass alles aus ein und demselben besteht, nur in unterschiedlichen Schwingungszuständen. Materie existiert nicht so wie wir vor nicht allzu langer Zeit in der Schule lernten. Ich habe gelernt, dass Atome und Elektronen wie Billardkugeln aussehen. Ich weiß, dass es nur ein Modell war, doch so wurde es gelehrt. Heutzutage geht man weiter und an Universitäten wird inzwischen über die M-Theorie gesprochen.

Edward Witten, berühmter US-amerikanischer Mathematiker und Physiker, erweiterte die String-Theorie.

Zitat aus Wikipedia:
„Die M-Theorie, deren Gültigkeit nicht bewiesen ist, wird von vielen Physikern als derzeit aussichtsreichster Kandidat für eine vereinheitlichende

Theorie angesehen, welche die Quantenmechanik und die allgemeine Relativitätstheorie vereinen könnte. "

Interessant, dass die Physik immer lauter von Parallelwelten und inzwischen 11 Dimensionen spricht.

Also statt unseren drei Dimensionen soll es 11 geben. Noch ist es nicht bewiesen, doch bin ich mir sicher, dass es in nicht allzuferner Zukunft nachgewiesen wird. Sollte es dich stören, dass ich Wikipedia zu Rate ziehe, dann bedenke, dass dies eine Quelle ist, die jedem Menschen der über eine Internetanbindung verfügt, gelesen werden kann. Derjenige der sich speziell mit diesen Dingen auseinandersetzen will, wird dies ohnehin auf anderem Wege tun.

6. Die Gedanken sind frei

Lass mich etwas „frei" denken, ein Geschenk, wenn man nicht an Dogmen gebunden ist.

Ich, als Einheit „Carsten" mit dem Leben zwischen dem Jahr 1970 und xxxx, kehre irgendwann wieder zurück und schließe diese Inkarnation ab. Ich erwähnte das Modell des Sternes, aus dessen Mitte eben mehrere Strahlen, Verbindungen zur Quelle zu den einzelnen gelebten Leben, abgehen. Ein menschliches Modell und daher wohl unvollkommen, doch es hilft zu verstehen.

Ein Strahl geht nun direkt zu meinem Körper. Dies ist meine Verbindung in die höhere Dimension. Nach meinem Ableben, wird dieser Strahl oder Kanal komplett zurückgezogen. Ich kehre zurück zur „Quelle" mit all meinen Erfahrungen aus diesem Leben. Diese stünden dann allen anderen mit der Quelle verbundenen Wesen zur Verfügung, ob sie sie für sich „holen" wäre ihre eigene freie Entscheidung.

Möglich wäre auch, dass meine bereits bis heute gesammelten Erfahrungen, bereits „JETZT" allen sofort zur Verfügung stünden. Dieser Gedanke wäre einleuchtend. Zeit gibt es zwar in unserem menschlichen Konstrukt, doch nicht auf höheren Ebenen, wie wir gesehen haben. Wenn dies so wäre, dann stünden mir bereits jetzt in diesem Moment auch alle anderen Erfahrungen zur Verfügung. Warum nicht nutzen?

Wenn Zeit nun überhaupt keine Rolle spielt und Alles im „jetzt" passiert, dann wären zukünftige Aspekte ebenfalls zugänglich. Siehe als Beispiel die geheilte Krankheit, wobei hier zu bedenken ist, dass eine Krankheit, so menschlich dramatisch sie ist, für die Gesamtheit der Quelle eine äußerst heilende Angelegenheit sein kann. Nicht zuletzt berühren Schicksale auch unsere Mitmenschen und unser Umfeld, und so setzt sich eine Welle der Heilung durch all diese Strahlen fort.

Nun, wir sind alle untereinander verbunden, dies hört man quer durch alle spirituellen Gruppen, Religionen und Philosophien. Wie kann man ein so umfassendes Konzept in Worte fassen? Ein Modell bleibt ein abstraktes Modell und ist fern von dem, was wirklich ist, nur wie soll ich es in einem Buch anders transportieren?

Ich bleibe daher bei dem Modell eines dreidimensionalen Sternes und ich weiß, dies ist auch ein dreidimensionales Konzept und damit allein ist es beschränkt. Einfach wäre es zu sagen, es sei zu „unbeschreiblich" und fertig. Ich könnte sagen, dass unser Verstand es einfach nicht greifen kann und jeder Versuch es zu umschreiben würde kläglich scheitern. Ich möchte es trotzdem versuchen es in Worte zu fassen.

Wie in einem riesigen Netzwerk gibt es unzählige dieser Sterne. Sie sind entweder direkt miteinander oder über eine noch höhere Quelle verbunden. Was spricht dagegen dieses Netzwerk als Ganzes zusammenzufassen, als ein Kollektiv und einem noch größeren Ganzen zuzuordnen?

Ich gebe zu, es ist für einen in zeitabständen und sequentiell denkenden Menschen ein verwirrendes Konzept. Think big!

Möglich nun, und ich befinde mich imaginär jetzt nach diesem Leben als „Carsten" wieder in der „Quelle", dass ich mich dazu entscheide mich woanders neu zu binden, und nichts anderes ist eine Inkarnation für mich. Ich komme gleich noch darauf zurück, denn ich hatte da ein Erlebnis, bei dem mir der Zusammenhang klar wurde.

Diesen Traum hatte ich im Jahr 2008, doch er passt gut zum Thema.

Letzte Nacht habe ich ein wahres Abenteuer erlebt. Es ging um die Suche nach Schätzen in einer verlassenen Höhle bzw in einem verlassenen Höhlen/Schachtsystem. Menschen hatten hier Räume und Schächte angelegt und nach etwas gesucht. Das war absolut faszinierend! Ein Film auf dieser Basis wäre ein Kassenfüller. Ich kann mich daran erinnern, dass dieser

Schatz bewacht wurde, was sich allerdings erst später herausstellte. Erstmal ging es nur darum, in dieses Schachtsystem zu gelangen und Raum um Raum zu erkunden. Diese Räume waren gefüllt mit technischen Apparaten, Statuen, Schätzen.

Ich habe nur Bruchstücke in Erinnerung, leider, aber es war Abenteuer pur.

Ich weiß, dass wir irgendwann auch wieder außerhalb dieses Tunnelsystems waren und durch einen Wald gingen. Dort kamen dann diese Wächter zum Einsatz, die schlicht und ergreifend schwarze Wölfe auf jene Personen hetzten, die den Schatz stehlen wollten. Diese Wächter hatten die Oberhand über diese Wölfe. Ein mulmiges Gefühl stieg in mir auf, denn ich befürchtete, dass diese Wölfe mich nun auch jagen würden. Wie ich den Gedanken gedacht hatte, kam als Antwort, **dass sie mir als Lichtwesen, nichts anhaben könnten** *und so war es auch. Sie nahmen keinerlei Notiz von mir.*

Vielleicht ist es so, dass ich als Außenstehender in ihrer Welt nicht wirklich Teil ihrer Geschichte bin und somit nicht angreifbar. (ich bin ja nur feinstofflich energetisch dort)

Diejenigen, die ihr Leben dort ließen und von den Wächtern gefangen wurden, tauchten später wieder „ganz", an einem anderen Ort auf dieser Ebene, auf. Es war, als würde dieses System oder Spiel darauf beruhen, dass dieser Schatz sich Menschenseelen sucht und dort bindet. Sehr interessant! Ein sehr interessanter Gedanke, denn auch die verführerische Mischung aus Macht, Geld und Gier kann einen Menschen an diese Erde hier binden.

Was mir hier klar wurde ist dies: Wenn ich Teil dieser für mich nicht-physischen Welt wäre, dann würde sie vermutlich „echt" und „fest" für mich sein. Ich würde an dieser Ebene gebunden sein und würde die Auswirkungen spüren.

Nicht nur einmal ist es vorgekommen, dass ich „drüben" die Wesen mit einem hurtigen Griff, zum Beispiel durch eine Fensterscheibe, beeindruckt habe. Offenbar konnten sie das dort nicht.

Unglaubliches Erlebnis! Ich bemerke plötzlich im Traum dass ich träume. Ich weiß plötzlich, dass dies NICHT die normale Welt ist.

Ich gehe durch Maschinenhallen. Es sind Arbeiter dort. Ich registriere die Klarheit des Ganzen und bin regelrecht begeistert, wie realistisch alles aussieht. Ich frage mich ob ich auch Teile anfassen könne. (in Bezug auf andere nächtliche Erlebnisse, in denen ich den Boden auch als materiell empfand)

Also greife ich eine Maschine an und spüre sie auch. Es fühlt sich dabei so an, als wäre meine Hand eingeschlafen. Es ist ein kribbelndes Gefühl. Ich bin begeistert!
Ich entscheide mich dafür zu testen, ob ich auch woanders hingehen kann, ob ich quasi frei entscheiden kann wohin ich gehe. Mit großem Erstaunen stelle ich fest, das ich mich tatsächlich frei bewegen kann!

Dann sehe ich einen Arbeiter, der mir hinterher schaut. Ich bleibe stehen und winke ihm zu. Ich warte auf eine Reaktion von ihm. Er schaut mich aber nur interessiert an.
Ich bekomme die Idee zu testen ob ich fliegen kann!!! Auch das kann ich und wohlgemerkt, bei absolut realistischen Bildern.

Ich steige hoch muss aber aufpassen nicht durch die Decke zu fliegen und ebenfalls beim Heruntergehen nicht durch den Boden zu segeln!!

Ich denke mir: „Wenn ich so was kann, dann kann ich mir jede Szene selber kreieren!! Wie wäre es mit ein paar Frauen die um die Ecke auf mich warten!!!" (Anmerkung: ich bin auch nur ein Mann!)
Tatsächlich gehe ich nach rechts und dann links. Griechische Atmosphäre, da sind mehrere Frauen. Ziemlich viele sogar. Ich zähle 6 oder 7. Vier sind links. Zu einer gehe ich. Ich fasse sie an um zu testen ob es sich real anfühlt. Es ist so! Dummerweise ist die Berührung an meiner Brust von ihr das letzte was ich spüre und merke. Ich werde wach und lache selber über dieses Erlebnis! Gigantisch!

Dies ist wieder eine weitere Stufe in der Entwicklung gewesen. Die Klarheit hat mich verblüfft und auch die Fähigkeit das erste Mal frei handeln zu können, obwohl ich wusste, dass ich nur träumte. Ich begann zu experimentieren und zu untersuchen, was alles möglich wäre. Wohl gemerkt, ich habe mich „in" der Szene als vollkommen klar und ganz wahrgenommen.

Auch wenn die Dinge dort massiv waren konnte ich die Energie beim Anfassen spüren, jeder kennt das Gefühl der „Taubheit", wenn das Bein eingeschlafen ist. So ungefähr fühlte es sich am Anfang an.

Erst weit später habe ich eine Technik entwickelt um herauszufinden ob ich normal aufgewacht, oder außerkörperlich unterwegs war. Ich entschied mich damals dafür, denn die Szenen waren so echt und klar, dass ich öfter einfach wieder zurück ins Bett ging und so eine Chance verpasste die Welt dort zu erkunden. Der zweite Grund ist diesen Test einzuführen war, dass es meinem Verstand einfach besser gefiel mich vorher abzusichern, bevor ich mich fliegend von einem Balkon oder durch ein Fenster verabschiedete. Ja ich weiß sehr wohl, dass ich *hier* nicht fliegen kann. Tatsächlich!

Das Interessante ist, dass es drüben nie ein Zweifel gab fliegen zu können, auch wenn ich in der Szene in der Maschinenhalle „probierte" ob ich fliegen könne. Ich käme nie auf die Idee „hier" in welcher Maschinenhalle auch immer, fliegen zu wollen. „Dort" scheint es natürlich zu sein.

Zurück zu meinem genialen Test, der recht simpel ist. Ich drücke mit steigendem Druck gegen eine Fensterscheibe wenn eine da ist, das ist alles.

Erst erscheint sie mit fest, dann spüre ich, wie ich hindurch kann. Sie gibt nach, manchmal recht zäh aber nie „auf Befehl" aus meinem Verstand. Ich kann nicht denken :"Du bist durchlässig – du bist durchlässig...", das funktioniert nicht. Zwar habe ich im Laufe der Zeit gelernt wie ich Dinge mit meinen Gedanken bewegen kann, doch zu diesem Zeitpunkt war ich noch nicht so weit.

Ich habe bei dem Scheibentest oft genaustens darauf geachtet wie es sich anfühlt, wenn ich mit der Hand durch diese Materie dringe. Ich wollte wissen wie es sich anfühlt um es zu beschreiben. Wenn ich also durch die Scheibe dringe, ist es örtlich an meiner Hand oder meinem Arm spürbar, wie eine Art Energieschranke. Dies ist allerdings nur dann der Fall, wenn ich bewusst auf meinen Körper achte und oft nehme ich ihn nicht wahr, denn er ist manchmal schlicht unwichtig in der Situation.

Nacht von 19.10 auf 20.10.05

Ich spüre und höre zunächst wieder dieses vibrierende Geräusch. Dann löse ich mich schnell und leicht nach oben/vorne und erhebe mich in die Luft. Da ist jemand bei mir. Er nimmt mich und wir fliegen ziemlich schnell und lange vorwärts.
Ich will aber unbedingt wissen wer da vorne ist und wohin wir fliegen. Also bremse ich absichtlich. Ich dränge darauf, dass dieses Wesen, welches bei mir ist, mit mir redet. Ich spüre jedes Mal ein Unbehagen von ihm, wenn ich mich dagegen sperre.

Dann plötzlich ist es, als umarme mich dieses Wesen. Es ist nah an meinem rechten Ohr. Es ist eine sehr junge, fast kindliche Stimme, voller Mitgefühl und echtem Mitleid, das konnte ich fühlen.

Es sagt: „Im Irak, die vielen toten Soldaten. Du hättest mir mithelfen können."
Danach bricht der Kontakt zunächst ab. Ich spüre aber weiterhin eine Art Energiefluss durch meinen Körper. Ich weiß, dass weitere Dinge passiert sind, aber ich kann mich nicht mehr erinnern.
Selbst hier konnte ich noch nicht selbstständig aussteigen oder selbstständig sehen. Ich habe in einigen Büchern gelesen, dass ein bloßes dran denken an „Licht", einer Kerze oder ähnlichem die Situation erhellt. Nein, dass hat nie wirklich funktioniert.
In dieser Situation konnte ich mich aber schon leicht lösen und mein Vertrauen war gefestigt. Trotzdem hat mich die Situation irritiert, denn die Kombination von Schwärze und nicht wissen wer da ist, hat mich unsicher gemacht. Ich denke jeder würde wissen wollen, wer da ist! Es ist das Spannende an so einem Tagebuch, dass man sich wieder in diese Situation mit den Gefühlen begeben kann und ich glaube ich würde heute noch genauso handeln, wie damals.

25.10.05 auf 26.10.05

Ein komisches Erlebnis und wieder das Gefühl, dass ein Energieschub kam. Es ging um eine Art Untersuchung und offensichtlich musste irgendetwas aus mir heraus. Also sagte man mir dass ich eine Art Egel aufgesetzt bekäme. Alleine der Gedanke an ein blutsaugendes „Etwas" machte mir Angst. Aber okay, es wird ja nur ein kleines Ding sein und das wird schon nicht so schlimm! Weit gefehlt. Dieses „Etwas" war ein ringförmiges Ding, etwas 20cm im Durchmesser mit spitzen langen Stacheln zum Saugen. Als ich es sah weigerte ich mich sofort mitzumachen. Wer würde das nicht tun!!!

Trotzdem hatte ich es plötzlich auf meinem Bauch. Ich spürte den Druck und fühlte es wie es sich festsaugte. Ich kann mich heute noch daran erinnern wie es sich anfühlte. Ich kann nicht von einem Schmerz sprechen, es war eher eine Art starker Druck. Was ich heute (28.10.05) sagen kann ist, dass ich mich von heute auf morgen besser und im Kopf klarer fühle.

Offenbar wurde in dieser Zeit sehr viel Energie zugeführt und vielleicht „zu viel des Guten". Ich habe hier ettliche kurze Einträge ausgelassen, weil es am Anfang eigentlich nur um Energieschübe, mal kombiniert mit dem Gefühl am Kopf gehalten zu werden, mal ohne, handelt. Meistens nahm ich Wesen dabei wahr. Manchmal war es so, als würde ich energetisch gereinigt, manchmal war die Energie heftig, manchmal langsam ansteigend und leichter auszuhalten. In jedem Fall war es jedesmal stark spürbar und ich war voll bewusst dabei. Bitte richtig verstehen. Bei jedem dieser Ereignisse war es so, dass ich zunächst wie eine Glühbirne mit dem Lichtschalter angeknipst, also plötzlich bewusst war. Ich kann nicht mal sagen, ob es mein Erdenkörper war, den ich wahrnahm oder eine andere Ebene dessen. Ich habe die Einträge in das Tagebuch meistens gleich nach dem Aufstehen gemacht.

Der nächsten zwei Einträge sind schon spannender und wieder ein kleiner Schritt vorwärts. Zwischen diesen beiden Erlebnissen schien sich etwas umzustellen. Ich beschrieb wie es zuerst ruhiger wurde und ich mich fragte, ob alles vorbei sei, denn schließlich war ich schon daran gewöhnt, dass etwas passierte. Es schienen andere Wesen da zu sein und auch diese Energieschübe waren nicht mehr so heftig.

DAS war das Beste was ich bis jetzt erlebt habe!!!! Auch wenn ich es jetzt in Worte fassen muss, es kann nur einen Bruchteil von dem Ganzen darstellen. Ich spüre die Auswirkungen sogar jetzt noch an meinem Hinterkopf. (starkes Kribbeln, Energie)

Ich hatte mich hingelegt und bemerkte irgendwann die Vibrationen. Es war als ginge eine „Tür" auf und durch diese würde Energie zu mir hineinfließen. Zunächst sind die Vibrationen leise und fein, dann sind sie plötzlich sehr nah bei mir und ich spüre, wie ich mich zur Seite und dann nach oben bewege. Es geht schnell vorwärts. Ich spüre wieder den Wind, sehe aber wieder nichts. Diesmal bin ich ohne Angst und frage, ob ich etwas sehen DARF.

Es erscheint plötzlich MEIN Gesicht, es wirkt zum Hintergrund wie angepasst, gerade das ich die Umrisse und Konturen erkennen kann. Ich schaue sehr zufrieden, wie jemand, der auf sein kleines Kind schaut welches zum ersten Mal etwas Tolles erreicht hat. Ich frage dann ob es möglich wäre, dass jemand zu mir etwas sagt. Zuerst höre ich eine englische Stimme, dann höre ich eine Andere, die mit mir einen Scherz macht!! Danach nehme ich noch eine sehr junge, kindliche Stimme wahr. Das, was sie sagen war sehr „hoch", dies weiß ich noch. Es war also nicht nur sinnvoll sondern von „höherem", reinem Geist. Dummerweise habe ich aber nichts von dem Gesagten behalten. Mir fällt aber zum ersten Mal auf, dass eine Kommunikation in beide Richtungen möglich ist!

Mit der Zeit spüre ich einen Druck an meinem rechten Knie. Es ist etwas unangenehm, aber kein „Schmerz" in dem Sinne. Ich fühle wie ich sanft lande und mache langsam die Augen auf. Die Energien sind überall zu spüren. Ich stehe auf und auch jetzt noch merke ich am Kopf und am Rücken einwirkende Energien.

*Merkwürdiger „Traum". Ich spüre dass diese Nacht etwas Neues beginnt.
Ich bekomme zwei Namen: Esra und Zoar. Vorher habe ich einen Traum in
dem es um „...an den Dingen die jemand tut, kann man ihn messen.", geht.
Ich habe zu wenig Erinnerungen daran, nur ein Gefühl das ich mit
„höheren" Wesen darüber sprach. Im Anschluss daran habe ich das Gefühl
mich zu drehen und aus Angst aus dem Bett zu fallen habe ich es dann nicht
zugelassen. Ich spürte trotzdem eine Energie, wenn auch abgeschwächt und
anders als sonst. Mal sehen was weiter passiert.*

*Später habe ich einen Traum in dem ich meinen (schon längst verstorbenen)
Opa auf den Tod vorbereite. Er weiß, dass es soweit ist und hat Angst. Ich
nehme ihn in die Arme, führe ihn zum Bett und tröste ihn und leite ihn an,
damit der Übergang leicht ist.
Ich sage: „Dies ist nicht das Ende, dies ist der Anfang!"
Die Dinge Sind so.*

Die Angst vor dem Tod, die ist im Laufe der Zeit bei mir komplett gewichen.
Wenn es durch eine Krankheit unausweichlich wäre, ich würde es tatsächlich
akzeptieren. Das bedeutet nicht, dass ich in einer bedrohlichen Situation nicht
um mein Leben kämpfen würde und keinen Lebenswillen hätte.

Wie würde es sich anfühlen, wenn die Angst davor von dir komplett
weggenommen wäre? Was, wenn du verstorbene Menschen nie wirklich
verloren hättest und du sie wiedersehen und treffen würdest?

Es wäre eine unsagbare Entlastung. Was denkst du jetzt im Moment darüber?

Diese Sequenz mit meinem verstorbenen Opa erinnert mich an einen
Kollegen während meiner Elektronikausbildung. Dieser kam einen Morgen
mit einem breiten Grinsen zu mir, denn er hatte „im Traum" einen relativ
kurz zuvor verstorbenen Verwandten getroffen und mit ihm gesprochen.
Dieses Erlebnis war so klar, dass es für ihn keinen Zweifel an dessen
Wahrheit gab. „Alles sei gut.", dass sollte er ausrichten.

Alles ist gut.

Diese außerkörperlichen Erfahrungen (im Englischen „Out of Body Experience" oder OBE) sind anscheinend ähnlich den Nahtoderlebnissen (im Englischen Near Death Experience" oder NDE), denn so wie die wiederkehrenden Menschen berichten, wird die Ablösung vom Körper beim Sterben ebenfalls erlebt. Der Unterschied ist allerdings, dass ich mich auf anderen Ebenen bewege und ich anschließend bewusst wieder zurück kehren kann. Ein gerade Verstorbener wird die Ebene des menschlich physischen komplett verlassen, er wird komplett zurückgehen und dann entscheiden was er als nächstes machen möchte. „Der Strahl", den ich bei meinem Modell angedeutet habe, wird zurückgezogen, die Verbindung zum Körper wird getrennt und die Hülle wird abgestreift.

Ich möchte an dieser Stelle nochmals erwähnen, dass es sich bei meinem Modell nur um ein sehr simples und sicher nicht vollständiges Modell handelt. Der „Stern" ist weder räumlich noch physisch und erst recht nicht „menschlich" erklärbar. Wie beschreibt man menschlich ein Gefühl?

Würde ich dich auffordern deine Liebe gegenüber deinem Partner zu erklären, dann wäre das in Worten sicher schwierig. Ich meine hier nicht :"Ich liebe sie/ihn weil...!", ich meine die Liebe – das Gefühl an sich.

Du könntest es mit Äußerlichkeiten niemals erklären, denn weder ein Kuss noch ein Geständnis mit Worten, wird deine Liebe in der äußeren Welt zu einhundert Prozent abbilden können. Sicher gibt es sehr viele Beispiele, in dem das Gefühl dem Partner vorgespielt wird, wissend, dass es nicht so ist.

Es ist ein inneres Wissen in dir, eine Wärme und Zugehörigkeit. Es ist Wissen ohne es verstandesmäßig erfassen zu können und es kann NUR IN DIR UND AUS DIR entstehen.

Worauf ich hinaus will ist, dass es nahezu unmöglich ist, nicht greifbare Dinge einem anderen Menschen zu beschreiben und so stehe ich mit meinen „Erfahrungen" ebenfalls an und versuche krampfhaft erlebte Gefühle, in die noch beschränktere Form von Worten zu kleiden. Eigentlich ein Kampf gegen Windmühlen.

Deine „Stimme" in deinem Kopf, wo kommt sie her?

Wieso ist dieses Musikstück, was du heute das erste Mal gehört hast, den ganzen Tag in deinem Ohr und wo ist es gespeichert? Was und wo ist das Unterbewusstsein, wenn Bewusstsein kein physischer Ort ist?

Eine lustige und einfache Frage: warum schmeckt mir Essen so gut, ja genaugenommen, wieso haben wir überhaupt einen Sinn für Geschmack? Nur weil etwas schlecht schmeckt heißt es ja nicht, dass es giftig ist und nur weil etwas gut schmeckt, bedeutet das nicht, dass es nicht giftig ist. Ist es ein Sinn, der wirklich in erster Linie zu unserem Vergnügen da ist? Wieso bekomme ich gerade Appetit auf Schokolade, und bin froh und glücklich, dass ich eine habe?

Wie fühlt sich eine flauschige Wolldecke an? Wie fühlt sich Meerwasser auf der Haut an und der Sand zwischen den Zehen? Wie riecht deine Haut, nachdem du einen Tag in der Sonne warst? Wie fühlt sich der Wind in deinen Haaren an?

Wie intensiv nimmst du Farben wahr? Wenn du einmal in absoluter Schwärze warst, wie war das? In Innsbruck gab es vor Jahren einmal eine Einrichtung in der man sich von blinden Menschen in einer nachgebauten Umgebung führen lassen konnte. Ein sehr beeindruckendes Erlebnis.

Was ist Liebe, was ist Hass? Wie beschreibst du das Gefühl der Freundschaft und der Zuneigung? Was ist mit Trauer? Spüre einmal wo diese Dinge entstehen.

Ein Kind dessen Hase gerade gestorben ist wird darum trauern und das ist gut so. Es ist ein Teil von ihm. Der Nachbarjunge der keinen Bezug zum Tier hatte, wird die Sache wahrscheinlich neutraler sehen und meinen, dass es „nur" ein Tier war. So geben wir den Dingen die Bedeutung für uns. Jegliche unbeschreibliche Art der Gefühle entsteht in uns und mit „in uns" meine ich keinen körperlichen Teil.

Ich meine nicht das „Gehirn" welches ich persönlich als eine Art Tranformator und Umwandler ansehe. Es ist sicher für die körperlichen Abläufe da, aber zu einem Großteil auch um Energien oder Frequenzen umzuwandeln, wobei diese Frequenzen „unreal" sind, wie wir schon gelernt haben. Unrealistisch - weil nicht greifbar, erfassbar, messbar, gerade so wie die Luft, die Leere und Gefühle. Ich sage dies mit zwinkernden Augen.

Je präsenter du in deinem Körper bist, desto wahrscheinlicher ist es, dass du auch Nachts im „Traum" präsenter wirst.

Der Begriff „Unterbewusstsein" ist meiner Meinung nach eine Art Hilfsbehälter, in den man nun alles was nicht wirklich zu erklären ist, hineinstopfen kann.

„Das machst dein Unterbewusstsein" und das Bild eines Eisberges mit einem kleinen sichtbaren Teil oberhalb der Wasseroberfläche und einem weitaus größerem unterhalb dieser, entsteht in mir.

Gibt es in Wahrheit diese Trennung? Wir nehmen leichtfertig diese Worte auf und benutzen sie ohne einen Gedanken daran zu verschwenden. Für mich gibt es nur EIN Bewusstsein. Da gibt es kein Ober- Unter- Mittelbewusstsein. Es ist auch nur ein Modell.
Was uns ausmacht ist Bewusstsein. Es durchdringt uns und umgibt uns. Es ist überall. Dabei ist unser Körper nicht der Behälter für unsere Seele, nein, wir sind in und um diesen Körper herum, verbunden mit der Quelle, unserem höchsten, alles zusammenfassenden Aspektes.

Möglich, dass ich die Fähigkeit entwickelt habe einen bestimmten Teil meines höchsten Aspektes herunter zu bringen und ihn hier zu leben. Andererseits fühle ich mich weder besonders noch besser als irgend jemand anderer hier. Ich mache menschlich bewertete Fehler, genau wie jeder Andere. Vielleicht ist es einfach auch die Kunst den „Radiosender" langsam auf die richtige Frequenz zu drehen und damit meine ich, das es vielleicht ein schmales „Frequenzband" gibt, in dem man die Möglichkeit hat, herauszutreten. Vielleicht wird das Bild an einem Beispiel noch deutlicher.

Sagen wir du befindest dich beim Einschlafen und hier sei nur erwähnt, dass ich weit mehr Erlebnisse beim Aufwachen hatte, als beim Einschlafen.

Du liegst also, bist noch präsent im Jetzt, spürst deinen Atem und dein Bett und siehst zur Decke. Die Augen fallen zu.

Du beginnst in deinen Gedanken zu wandern. Bereits jetzt wandert dein Fokus oder dein Bewusstsein vom „Jetzt" weg. Du nimmst deinen Körper kaum noch wahr.

In Richtung einschlafen passierst du nun einen Übergangsbereich zwischen wach sein und schlafen. Hier ist es nun möglich, dass Aspekte unseres „Tages-Ichs" hinausgehen können und ein „Hinausgehen" ist es rein aus dem subjektiven Empfinden heraus, weil ich es so erlebe. Ich glaube vielmehr, dass Teile des projizierten „Bewusstseinsstrahles" eher zurückgezogen werden, also wäre es in dem Sinne kein herausgehen, sondern ein Zurückgehen. Ich bleibe dennoch bei dem Bild des Herausgehens.

Nochmal und dies bitte richtig verstehen: es geht kein körperlicher Teil „heraus", sondern ebenfalls ein nicht-physischer Bewusstseinsaspekt.

Dieser nicht-physische Teil, also das, was ich als „Ich" erkenne, kann nun unabhängig in andere Ebenen wechseln. Dieses „ICH" was du gerade fühlst, also deine Gedanken/Erinnerungen/Gefühle, ist sowieso NIE wirklich in deinen Körper fixiert. Es ist eine Projektion aus der Mitte deines Sterns, oder höchsten Aspektes.

Ich möchte dir an dieser Stelle nicht deinen Glauben nehmen, dein Körper wäre dein „Ich". Ich stelle nur wieder Fragen, die DU für dich beantworten kannst. Also gut, nehmen wir an, dein Körper ist dein „Ich".

Wäre nur der physische Körper dein „Ich", dann hättest du recht wenig Kontrolle darüber, denn eigentlich scheint er mir eher autonom zu handeln und allein zu wissen was er macht. Er kann krank werden wann er will und heilt sich ebenso. Du würdest bewusst nie sagen, dass du krank sein willst, es sei denn, du magst zum Beispiel nicht mehr zu deiner Arbeit gehen und du manifestierst dir auf diese Art eine Grippe. Könnte es sein, dass du unbewusst diese Gedanken aussendest - per Gefühl, und dein Körper reagiert darauf und sagt :"Ja, super! Liegen wir doch einfach im Bett, dann können wir etwas nachdenken und ausruhen!"

Glaubst du, du wärest nur der Aspekt den du momentan verkörperst? Nein, du bist weit mehr als das. Egal was auch immer du jetzt in Hinsicht eines gerade gelebten Aspektes bist, du wirst das nicht auf Dauer bleiben.

Vielleicht sagst du „Ich, naja, Ich bin immer ICH!", fertig. Schaue ein wenig tiefer. Was ist der Unterschied zu dem Ich von vor 1, 2 oder 5 Jahren?

20.11.05

Etwas ist anders. Es häufen sich die Erlebnisse. Interessante Träume. In einem Traum erscheint ein Indianer mit einem Adler. Dieser Adler sitzt bei ihm, auf dem vor mir ausgestreckten Arm. Er nimmt etwas mit seinem Schnabel vorsichtig aus meinem Mund (ich weiß aber nicht was)

Ich sehe wie der Indianer mich friedlich lächelnd ansieht, als hätte ich alles richtig gemacht. Ich bin dann plötzlich bei meinen Eltern im Hausflur. Da liegt ein verschlossener Brief. Auf dem Umschlag steht (so weit ich mich erinnern kann) „One Arm".
Ich weiß im Traum dass dieser Indianer gemeint ist. Er hat mir eine Nachricht übermittelt.

Ich deute dies als ersten bewussten Kontakt mit einem hohen Geistführer. Die „Sache" die der Adler (über die Luft) getragen hat, war einfach der ausgesprochene Wunsch mit diesem Wesen in Kontakt zu kommen. Der Brief ist die Aufforderung zu Kommunikation und die Botschaft dass meine Bitte gehört wurde und ihr entsprochen wird.

21.12.05

Intensive Träume in denen ich träume dass ich mich vom Körper löse. Ich muss allerdings erst mit dieser Energie klarkommen. Es wird sicher „klarer" werden in der nächsten Zeit.

Eine Sequenz in einem Schloss o.ä. ich spüre zunächst die Gegenwart von jemandem, bekämpfe sie zunächst. Ich spüre und ich weiß dann aber, dass mir nichts passieren kann und verliere diese Angst.

Eine weitere Sequenz in der ich an einer älteren Frau vorbei schwebe und plötzlich in Form einer Stimme sämtliche Informationen bekomme, wovor sie Angst hat. Auch ihren Namen und ihr Alter höre ich. Sehr interessant!

<u>*Zwischen 23.12 und 07.01.06*</u>

So viele Dinge sind geschehen!! Übernachtung bei einem Kollegen in Tirol. Meinen ersten <u>bewussten</u> Ausstieg aus dem Körper mit schweben an der Decke, dann heruntergleiten durch den Boden. Ich nahm das Zimmer war, wenn auch manche Details nicht stimmten. Da klebte ein Zettel am Fenster, der sonst nicht da ist. Ich schwebte durch den Boden nach unten und sah ein Badezimmer. Die Wände waren mit Holzvertäfelung verkleidet. Ich nahm etwas „Gelbes" an der Wand war. Ein markanter Punkt, vielleicht ein Handtuchhalter oder so etwas. Ich versuchte mir das einzuprägen, weil ich meinen Kollegen danach fragen wollte!!

Anmerkung: ich fragte meinen Kollegen später was genau unter seinem Zimmer sei. Er hat es mir gezeigt. Es ist ein Rohbau, aber da wo ich durchgeflogen bin, wird laut ihm ein Badezimmer entstehen.

Anschließend befand ich mich voll bewusst in unglaublicher Höhe über einer rotbraunen, leicht mit Schnee bedeckten Bergkette. Ich nahm ein kleines Dorf auf der rechten Seite wahr und flog darauf zu. Die Häuser waren „in den Hang/Berg" gebaut. Harmonisch.

Es war offenbar ein Fest im Gang. Ich erinnere mich an zwei ältere Frauen mit Kopftuch. Überhaupt erinnerte mich die ganze Szene fast an das Mittelalter, nur friedlich und freundlich.

Ich habe plötzlich den Wunsch zu sprechen und so versuchte ich etwas zu sagen.
Ich sagte also:"Hallo!", etwas so wie wenn man in ein Mikrophon spricht um zu testen ob es funktioniert! Es klappte!

Zuerst war meine Stimme unklar. Es klang wie ein übersteuerter Verstärker, verrauscht. Aber irgendwie konnte „ich?" es anpassen und beim zweiten Mal hörte es sich normal an.
Ich sagte noch einmal: "Hallo!" zu der einen Alten und streichelte ihr dabei über ihren Handrücken, um eine Reaktion zu bekommen. Sie reagierte darauf mit schüchternem Lächeln! Ich war begeistert!

Ich lief hinter einer jüngeren Bedienung her und sagte ebenfalls. "Hallo!" zu ihr in der Hoffnung das auch sie reagiert. Sie lief aber weiter. Egal.

Da spielten ein paar Jungen Ball. Sie dribbelten und spielten sich gegenseitig aus. Offenbar war es Ziel an den Ball zu kommen. Also dachte ich: "Spiele ich mit!"
Ich sprang dazwischen und versuchte an den Ball zu kommen.

Auf einmal befand ich mich waagerecht in der Luft, aber ungefähr in Kniehöhe. Einer der Jungen rief plötzlich aus: „Was ist denn das für Einer?!" und ich erhob mich plötzlich in die Luft, gefolgt von staunenden Blicken und Ausrufen. Anschließend wurde ich wach! Gigantisch!!

Wie gesagt es sind viele Dinge passiert. In einer Nacht stieg ich mindestens 4 Mal bewusst aus meinem Körper aus. (gerade nach oben zur Decke) Es war aber eher wie ein Üben.

Ich erinnere mich an zwei Träume die sehr interessant waren. Beide Male war ich in einer Schule. Diese Schule ist aber anders, hier werden Dinge über Energie, Gedankenübertragung, Telekinese (Dinge per Gedankenkraft bewegen) etc. gelehrt.
Mir fällt auf, dass auch meine „normalen" Träume bewusster werden. Den Zustand „wann" ich aus dem Körper heraus gehen kann fühle ich inzwischen gut. Es sind diese „Vibrationen" die mal mehr, mal weniger intensiv auftreten. Ich kann mich inzwischen auch aus dem Körper willentlich lösen. Es geht also darum bewusst diese Vibrationen auszulösen. Ich fühle, dass es mit dem Grad der geistigen und körperlichen Entspannung zu tun hat.

Was ein einfaches „Hallo!" in mir auslösen konnte, kann hier nur ungenau wiedergegeben werden. Das Gefühl in tausenden Metern über einer Bergkette zu fliegen ist schlichtweg grandios. Ich fühle mich etwas wie Gulliver in „Gullivers Reisen", der Dinge erlebt, die andere nicht haben. Die Ärzte halten ihn für geisteskrank, weil nicht sein kann, was nicht sein darf. Am Ende siegt die Wahrheit, und die ist um ein vielfaches Größer als wir es uns vorstellen können!

Weitaus schwieriger als das Erlernen des Reisens ist der Umgang mit dem Thema danach. Ich frage mich jetzt schon, wie mich meine Familie sieht, wenn dieses Buch in den Läden ist, doch es ist mir jetzt egal. Die Wahrheit bleibt die Wahrheit.

Wenn du etwas derartiges erlebt hast, dann möchtest du es einerseits still und leise für dich behalten, aus Angst davor ausgelacht oder beschimpft zu werden. Andererseits spürst du den Drang über die Dinge zu reden, denn du weißt ja, dass da etwas außergewöhnliches passiert.

„Schiefe Blicke" sind es meistens, manchmal unfassbares Kopfschütteln, sehr oft Ablehnung aus Angst, auch aus der Angst, dass „solche Sachen" gefährlich seien, sei es aus körperlicher, geistiger oder religiöser Sicht.

Nein, niemand hat das Recht dir zu sagen was du machen darfst. Viele „wissende" Menschen „warnen" andere davor die den Drang in sich spüren sich diesen oder auch anderen Dingen zu öffnen, egal ob die Warnenden schon Erfahrungen in dieser Hinsicht haben oder nicht. Sei dein bester Freund, um es aus meinem ersten Buch zu zitieren. Behandele dich selber wie ein Freund einen anderen behandeln würde. Respektiere DEINE Wünsche und dann entscheide. Entscheide nicht auf Grund einer Angst oder Erfahrung eines anderen Menschen, auch nicht aufgrund meiner. Wenn du es als stimmig empfindest, dann ist es okay. Wenn nicht, dann ist es das ebenfalls. Verurteile aber nicht die, die einen Schritt weitergehen möchten, weil sie über den Tellerrand hinausschauen wollen oder es schon können.

22.02.06 Dienstag ca. 4-6 Uhr

Eine sehr interessante Nacht...

Ich fühle die Vibrationen und das ich mich aus meinem Körper bewege. Es ist als würde ich mich nach oben „abstoßen". Ich fühle, dass ich hinauf, dann waagerecht fliege. Dann „falle" ich ziemlich schnell. Ich sehe aber nichts, so sehr ich auch möchte.

Eine zweite Begebenheit in dieser Nacht:
Ich spüre und registriere dass ich aus meinem Körper bin. Ich schwebe in der Küche meiner Eltern. Als ich erkenne wo ich bin und ich diesen Ort kenne, erschrecke ich zunächst. Ich beruhige mich aber und besinne mich darauf, dass ich an die Person zu der ich möchte, nur denken muss. Also probiere ich es und denke an meine Mutter. Ich bewege mich tatsächlich zu ihr und finde sie schlafend, allerdings im hinteren Zimmer bei meinen Eltern. Sie hat etwas Rotes an.

Ich freue mich dass es klappt und nun denke ich an meinen Sohn. Ich bewege mich aus dem Fenster und bin dann plötzlich bei ihm. Sein Zimmer ist noch wie früher, das heißt sein Computer steht gleich rechts neben der Tür. Er lässt sich ziemlich gelangweilt und k.o. auf den Stuhl davor fallen. Ich befinde mich hinter ihm in der Luft. Er bemerkt mich, dreht sich um und freut sich mich zu sehen. Er strahlt über das ganze Gesicht mit großen Augen. Er versucht mich anzufassen und greift mit seinen Armen in die Luft nach mir. Ich bin ergriffen. Meine Seele weint vor Freude, aber auch weil er mir sehr fehlt.
Es ist merkwürdig. Ich „wache" zunächst aus diesem Erlebnis auf, bin dann wie in einem Traum und wache dann erst vollständig auf. Es sind mehrere Bewusstseinsstufen die ich hinab gehe.

Es ist einleuchtend, dass Bewusstsein „alles" darstellen kann. Was ist die Erde anderes, als nur eine Ebene im Raum? Gibt es da tatsächlich einen Unterschied?

Laut Quantenphysik ist Materie komplett substanzlos und so wäre es sogar logisch, dass diese Ebene hier auch nur wie eine dieser anderen Ebenen ist. Ich kann quasi nicht-physisch in andere Ebenen gehen.

Was wäre, wenn andere Wesen, also die Wesen, die man hier als „Lichtwesen / Engel" bezeichnet, in unsere Ebene vordringen können und hier umherreisen und kommunizieren könnten? Wäre das vorstellbar? Ich stelle diese Fragen mit dem Gefühl, dass es so ist.

Leider habe ich bis jetzt noch nicht erlebt, dass jemand meine Anwesenheit später bestätigt. Ich möchte hier auch darauf hinweisen, dass ich zwar Fortgeschritten bin, aber mich immer noch am Anfang sehe. Es gibt sicher Menschen, die weitaus spektakulärere Erlebnisse hatten und wenn DU einer davon bist, teile es anderen Menschen mit. Jemand fragte mich einmal, auf welchen Planeten ich denn schon gewesen wäre und ein anderer sagte :"Wenn ich das einmal kann, dann gehe ich dort und dort hin, denn das ist das Erste, was ich machen will."

Dem Bewusstsein ist keine Grenze gesetzt und ich meine nicht, dass all diese Szenen nur vom Gehirn imaginiert sind. Ich glaube, Bewusstsein ist weitaus mächtiger als wir es uns vorstellen und es kann diese Ebenen real erschaffen. Je mehr Wesen gemeinsam daran beteiligt sind, desto realer wird diese Ebene und auch wenn wir diese Ebene verlassen, wird sie weiter bestehen.

Wie oft hast du schon mehrfach vom selben Ort geträumt? Ich war öfter im Traum in der selben Schule und warum sollte es nicht möglich sein, dass es zum Beispiel spezielle Schulungsebenen gibt?

27.02.06 „Interessante Phase", Zusammenfassung

Seit ca. einer Woche passiert fast täglich etwas. Meistens spüre ich die Vibrationen und gehe dann bewusst heraus. In den meisten Fällen sehe ich aber nichts, sondern spüre nur die Bewegung. Einmal wollte ich ausprobieren ob ich den Flug alleine steuern kann.

Als ich also eine Richtungsänderung vornahm, spürte ich eine Korrektur. Ich fühlte, dass mich jemand oberhalb der Hüfte anfasste und zurück bewegte. Daraufhin musste ich sehr lachen, weil es tatsächlich sehr kitzelte.

Sonntagmittag hatte ich mich hingelegt und zweimal bin ich „geflogen". Das zweite Mal etwas länger so weit ich mich erinnern kann.

*Montag in der Früh hatte ich einen seltsamen Traum in dem es um „Tore"
geht. Gemeint waren Tore in andere Dimensionen. Es würde 80 geben die
erreichbar wären und es würden „Schlüssel" benötigt. Jemand sagte, er
würde vorsichtig damit sein welche Schlüssel er hole, denn die Möglichkeit
bestünde das sich die Energien „anheften" und zeitweise mit in die
„normale" Welt kämen. Ob es „nur" ein Traum von irgendwo gelesenen
Dingen war, kann ich nicht sagen. Es klingt jedenfalls plausibel.*

*Es wurde auch gesagt, dass dann eine Reinigung nötig wäre und ich sagte in
Gedanken dass ich diese nun gerne hätte. Ich spüre daraufhin dauerhaft und
lange die Vibrationen. Ich bin dabei fast wach und nehme Geräusche der
Umgebung auf. Offenbar treten die Vibrationen immer häufiger auf und um
sie zu erfahren ist dieser „Schlafzustand" immer weniger nötig.*

<u>02.03.06</u>

*Zusammenfassung der letzten Tage!
Ich erlebe fast täglich diese Vibrationen, sehr intensive Träume und wie ich
aus dem Körper herausgehe. Gigantisch, die letzten zwei Wochen. Ich spüre
wie der Schleier immer dünner wird. Es wird müheloser und leichter. Witzig
ist, dass ich in einem so genannten „Traum" Dinge tue und diese dann in
einem anderen „Traum" erzähle. Ich bin jedenfalls sehr beschäftigt in der
Nacht!!! Ich bin gespannt was noch alles passiert!*

*Ein Austritt ist hervorzuheben, weil er absolut klar (vom Bewusstsein) war.
Ich flog um einen großen Hügel und unter mir war so etwas wie eine
Begräbnisstätte. Es waren überall kleine, bunte Kreuze da unten und mein
Gedanke war zuerst: "Wow, da müssen viele Menschen gestorben sein!"*

*Ich flog also um diesen Hügel und konnte meinen Kopf willentlich überall hin
drehen. Ich schaute mir bewusst die Landschaft an und die Ferne. Etwas
schaute in der Ferne aus wie ein Schlachtfeld, aber ich bin mir nicht sicher.
Es war „verbrannte" Erde, dunkelbraun/schwarz. Jedenfalls stach mir eine
Reihe großer Grabsteine ins Auge.*

*Ich dachte: "Da will ich hin!" und deutete auf einen bestimmten Ort. Ich
flog sofort darauf zu. Nun, dummerweise hab ich vergessen wie man bremst
und so einfach ist das, ich flog an dem Stein vorbei. Ich las auf einem*

anderen Stein den Namen „Gerda .....", ich konnte es klar sehen. Dann
kehrte ich zurück.

Ich habe keine Ahnung wo es war, noch warum ich da war oder was ich sehen sollte. Die Klarheit der Bilder hat mich verblüfft, ebenso das ich überall hin schauen konnte.

Mir ist hier wieder klar, dass es vielleicht langweilig ist diese Einträge zu lesen, schließlich mache ich oft nichts besonderes. Wenn du einmal solch ein Erlebnis hast, wirst du daran denken, garantiert. Gefühle lassen sich in unserem Sprachgebrauch eben nicht transportieren und wenn ich ein Buch erfinden könnte was dies kann, ich würde es erfinden.

Ich hatte immer wieder Phasen in denen längere Zeit nichts passierte. Später kamen bis zu 10 Austritte pro Nacht vor, doch da sind wir noch nicht. Bis jetzt hatte ich noch nicht einmal gelernt, die Augen selbstständig zu kontrollieren.

Fassen wir kurz zusammen.

Da ist dieses Phänomen, was bei mir plötzlich auftritt und dem ich mich anscheinend stellen musste. Es scheint eine Fähigkeit zu sein die mir im Blut liegt, wenngleich ich überzeugt bin, dass jeder diese Fähigkeit hat. Später werde ich probieren Hinweise zu geben, um demjenigen der Interesse hat oder selbst mit diesem Thema konfrontiert ist, eine Hilfe zu geben.

Zuerst war ich mit diesem ängstlichen Gefühl konfrontiert, dass da etwas schlimmes mit mir passiert und ich kämpfte dagegen an. Als ich die Angst überwinden konnte, was in meinem Falle Jahre dauerte, hatte ich die ersten Visionen und Nachrichten.

Eine ganze Zeit lang hatte ich diese Energieanpassungen und von mir so empfundenen Reinigungen. Ich spürte sie als eine Art heftigen Strom.

Ich erlebte, dass es mehrere Ebenen des Übergangs gab. Meistens konnte ich, wenn ich direkt aus dem Bett ausstieg, nichts sehen. Diese Fähigkeit kam etwas später.

Wenn ich aus einem Traum direkt aussteigen konnte, so wurde ich anfangs teilweise geführt, später konnte ich mich immer freier bewegen. Im weiteren Verlauf nahm die Anzahl der Austritte zu und die Erlebnisse wurde immer klarer.

18.03.06

Ein interessanter Traum:
Da waren 3 Männer die sich mir vorstellten. Im Traum waren sie vom Gefühl her etwas besonderes, wie hohe Lehrer. Sie hatten besondere Gewänder an und einer nach dem anderen stellte sich mir vor. Die Namen der ersten zwei habe ich vergessen. Der dritte antwortete auf die Frage wie er heiße etwas wie: "Es gibt keine Worte in eurer Sprache für meinen Namen!"

Nachdem ich ihnen vorgestellt wurde, kam eine ganze Gruppe von Personen. Sie trugen alle besondere Amulette, genau wie die Lehrer. Ich besaß aber noch keines.

Wir gingen in einen Raum und setzten uns um einen großen Tisch. Nun betrachtete ich die Amulette. Sie waren etwa 5cm breit und 10 cm lang, aus Gold. Die Symbole und Zeichen auf dem Amulett waren wie heraus „gelasert". Da war ein Symbol das mich an eine Delfinform erinnterte, bzw. einen Teil von einem Delfin. (Kopf bis Rückenflosse)
Ich betrachtete die Platten sehr genau und ich verglich sie. Offenbar hatte jeder eine andere, bzw. andere Zeichen. Es handelte sich um „Energieplatten", die die Energie des Trägers kennzeichneten erfuhr ich.

Fast 2 Jahre später am 08.03.08 hatte ich folgendes Erlebnis, was meinem Gefühl nach zu diesem gehörte. Auch wenn die vorweg gegriffen ist, es passt jetzt im Zusammenhang darauf einzugehen.

Die letzten Nächte sind voll von Ereignissen.

Ich möchte aber besonders diese letzte Nacht hervorheben, die mich an ein Erlebnis von fast genau vor 2 Jahren erinnert. (18.03.2006)

Zuerst legte sich wieder einmal diese Energie auf mich. Gefallen hat es mir nicht, so viel vorweg. Es ist ein gewisser Druck da und ich kann mich nicht groß bewegen oder mich davon lösen. Wie auch immer. Es ist der menschliche Verstand, der ängstlich ist.

Nun also das Erlebnis, worauf ich mich am Anfang bezog.
Ich war in einer Art Turnhalle. Zwei verschiedene Gruppen saßen da am Boden. Die eine Gruppe waren eindeutig Menschen die mit ihrem Bewusstsein arbeiteten, die andere wartete lediglich auf den Beginn eines Trainings in der Halle. Ich weiß aber, dass da ein schlanker, in weiß gekleideter Mann vor ihnen sprach und sie ihm gespannt zuhörten.

Dann kam ein Lehrer und ich fühlte, dass es einer von den Dreien von damals war. Sein Name ist Kuthumi. Er sprach zu uns und stellte Fragen, in Bezug auf das Bewusstsein. Am Ende sagte er, dass wir alle den Test bestanden hätten. Der andere Mann schaut verärgert und macht eine abfällige Bewegung, weil ihm plötzlich niemand von seinen Leuten mehr zuhören wollte.

Das Gefühl lässt mich nicht los, dass diese zwei Ereignisse (18.03.2006 und 08.03.2008) verbunden sind.

7. Wechselbad

In meinem Tagebuch wechselte ich je nach Gefühl die Farbe, was zeigen sollte, dass ich in einer anderen Lernphase war und auch in meinem privaten Leben kam es ab diesem Zeitpunkt zu mehreren gravierenden Veränderungen, was am Ende im Spätsommer/Herbst 2006 dazu führte, dass ich die Entscheidung traf wieder zurück zu meinen Wurzeln zu gehen. So fand ich mich dann in meiner Geburtstadt Bochum wieder. Ich möchte hier aber auch wieder darauf hinweisen, dass all meine Gefühle und Gedanken sich auch den damaligen Carsten - Aspekt beziehen. Dinge die ich damals auf eine Art sah, können sich „heute" ganz anders anfühlen und plötzlich ist eine Situation die damals unerträglich war, heute genau das, was ich möchte und will. Für manchen Menschen ist es widersprüchlich, für mich ist es Leben im Jetzt. Wenn ich nicht zufrieden bin mit dem wie sich mein Leben momentan darstellt, dann werde ich es ändern und es zum Besseren wandeln.

Damals, 2006 war meine innere Einstellung anders. Ich ging mehr aus Frust und Kapitulation zurück.
Die Erkenntnis wie stark man sich verändert wenn man erst einmal in die „weite Welt" hinauszieht, spürte ich am eigenen Leib. Ohne jemandem Vorwürfe machen zu wollen, doch ist es unmöglich wieder den alten Aspekt von vor Jahren zuvor zu verkörpern und dies Gefühl hatte ich ziemlich stark. Klartext, manche Menschen sahen in mir immer noch den Carsten von 1999 und davor, und die Veränderung war zu gravierend.

Ein weiteres Gefühl kam auf und das mochte ich gar nicht: es war, als hätte ich eine Chance gehabt und sie nicht genutzt, denn schließlich war ich wieder am Ausgangspunkt meiner Reise. Sprüche wie :"Das haben wir ja immer gewusst, dass du wieder zurück kommst!", hörte ich nicht nur einmal.

Vielleicht ist es die Genugtuung derer, die sich auf ein solches Abenteuer nicht einlassen würden. Vielleicht ist es auch nur eine innere Bestätigung für sie den sicheren Heimathafen nie zu verlassen, aus Angst sie könnten mit dem Boot kentern und Schiffsbruch erleiden.

In dieser Zeit lernte ich wie sehr ich zu meinen eigenen Gefühlen stehen sollte, denn ich kapselte mich regelrecht ab. Diesen Rückzug brauche ich gerade in Zeiten, in denen es um sehr wichtige Entscheidungen geht, auch heute noch. Dabei ist es nicht ein Grübeln über die Situation, es ist wohl eher eine Art „Spannung aufbauen" um das zu tun, was der erste Gedanke sowieso schon wusste. Warum einfach, wenn man es auch kompliziert haben kann! Ich lerne und ich weiß auch, dass niemand einen Fehler machen kann, egal welche Entscheidungen er auch trifft. Wichtig ist nur, dass er sich entscheidet. Der Rest folgt von allein.

Manche Erlebnisse kann ich auch heute noch nicht einordnen und dazu gehören auch drei klare Sequenzen, die sich scheinbar in einem Land Richtung Ostblock zutrugen. In meinem Tagebuch fasste ich diese 3 Ereignisse zusammen, die *zeitlich getrennt* voneinander waren und dies sehe ich als ziemlich interessant an. Was zunächst recht harmlos anfing, entpuppte sich dann als nervliche Belastung.

Auch heute noch habe ich manchmal mehrere Tage hintereinander, an denen ich zum Beispiel immer die gleiche Stadt aufsuche.

14.05.06

Zusammenfassung der letzten Wochen

Es ist meistenteils ziemlich ruhig. Dazwischen sind allerdings Phasen bzw. Ereignisse, bei denen ich teilweise bis zu 4 Mal bewusst hintereinander aus dem Körper gehe.

Ich bin in einer russischen Stadt, erkennbar an den russischen Autos. Ich hatte ein ähnliches Erlebnis mit dem gleichen Ort, allerdings hielt ich es damals für einen Traum. Damals fuhr ich mit einem alten Zug an einer Straße entlang. Der Zug konnte nicht schneller fahren. Ich schaute aus dem Fenster und da waren diese russischen Fahrzeuge.

Waren die ersten beiden Erlebnisse eher beschaulich, brauchte mich das dritte an meine Grenzen. Trotzdem blieb ich ruhig dabei. Ist es möglich, dass ich hier wirklich schon einmal war?

Zunächst befinde ich mich in einem Gebäude und bewege mich im Treppenhaus hinunter. Nun sehe ich ein großes Fenster und ich entscheide mich dafür, durch dieses Fenster hinunter zu gehen. Mit einem Mal werde ich spürbar um ein ganzes Stück bewusster und klarer.

Nun befinde ich mich in einer leicht ansteigenden Straße, in einer Stadt und ich
erinnere mich sofort an die zwei anderen Begebenheiten die hier stattgefunden hatten. Es ist der gleiche Ort.

Ich bewege mich also die Straße hinauf und blicke zunächst in verlassene Gebäude und Geschäfte. Da ist in einem dieser leeren Geschäfte eine Gruppe Jugendlicher und neugierig darauf ob sie mich sehen können, mache ich mich bemerkbar.

Offenbar kannten sie mich und jetzt hielten sie mich fest und holten den Anführer ihrer „Gang". Mein Gefühl sagt mir sofort, dass ich einst Teil dieser Gruppe war, ich sie aber verraten hatte. Der Anführer, ein mit einem weißen Trägershirt gekleideter junger Mann, war sichtlich nicht sehr erfreut mich zu sehen, soviel steht fest. Was folgte glich einer Art „Hinrichtung aus Rache" und er richtet nun tatsächlich eine (unbekannte) Waffe auf mich, während die anderen mich fest hielten. Einer sagt: "Schau jetzt besser weg."

Das Bild wurde nun Schwarz. Direkt in der nächsten Szene befinde ich mich bei einer asiatischen Familie. Erst sehe ich mich in einer meditativen Haltung, dann befinde ich mich plötzlich mit der Familie im Kreis und wir tanzten.

Wie gesagt, ich kann nicht einordnen ob es sich hier eventuell um ein bereits gelebtes Leben handelte, oder nicht. Ich möchte es nicht ausschließen. Bis heute hatte ich kein Erlebnis mehr, was mit diesen drei Erlebnissen in Verbindung steht. Es ist schade, dass diese Sequenzen nur so kurz in Erinnerung bleiben, doch ist es trotz allem faszinierend, dass sich all diese Erlebnisse so sehr eingeprägt haben und dass ich sofort wieder in der Situation bin, wenn ich mich daran erinnere.

Was wäre, wenn ich diese Gruppe einst verraten habe und diese jungen Menschen aus diesem Grund gestorben wären. Es ist nur ein Gedankenspiel, ob es tatsächlich so ist, sei dahingestellt.

Was wir glauben formt unser Weltbild, bis zum Tage unseres Todes. Was wäre dann, wenn der Geist tatsächlich absichtlich oder unabsichtlich nach dem Tod eine Welt nach unseren Vorstellungen erstellen könnte. Was wäre, wenn diese Wesen nach ihrem letzten Glaubenssystem welches sie auf der Erde hatten, diese Welt erschafft hätten?

Wenn sie den Hass und Zorn auf mich mitgenommen hatten, dann wäre es möglich, dass ihr Bewusstsein gemeinsam diese Welt in der ich war, erschaffen hat. Sie „lebten" darin in ihrer Welt, sei es aus ihrer Sicht der „Himmel" oder die „Hölle". Möglich, dass ich ihnen durch meinen Zugang und „Tod" aus ihrer Sicht, Frieden bringen konnte. Ich sage nur es ist möglich, mehr nicht. Es wäre einfach zu sagen, dass es sich nur um eine Imagination aus meinem Gehirn handelte, obwohl ich mit dieser Formulierung auch nicht recht glücklich bin. Natürlich geht jede Information *durch* mein Gehirn und dadurch durch meine Sichtweise und meine Filter. Einfach wäre es, es als Hirngespinst abzuweisen. Das drei miteinander verwobene Erlebnisse vom selben Ort handeln, kommt mir allerdings komisch vor. Hast du schon einmal ähnliches erlebt?

Zusammenfassung ab etwa August 2006

In den letzten Wochen hier in Bochum hat sich in der Nacht sehr viel getan. Nicht nur ein Anstieg der Häufigkeit sondern eine Weiterentwicklung im Allgemeinen stelle ich fest. Ich scheine die Sache immer besser verarbeiten und langsam auch steuern zu können. Mit dem Steuern meine ich, dass ich quasi den „Übergang" und dann das anschließende „Sehen" beeinflussen kann.

Besonders die Nacht von Sa. 19.08 auf 20.08 ist hervorzuheben.

Ich hatte sicher 6 oder 7 Übergänge und jedes Mal war ich in der Lage etwas zu sehen und die Geschehnisse zu beeinflussen. Die Vibrationen sind zwar zu spüren aber nur noch sehr schwach eher wie ein Summen. Danach das Fühlen des Austritts, wobei ich die Art selber bestimmen kann. (welche Richtung z.B. nach oben abstoßen, zu Seite drehen, herausrollen)

Über das Sehen:
Normalerweise war ich dann bis jetzt immer darauf angewiesen zu warten, was passiert und ob ich überhaupt etwas sehe. Manchmal war nur alles Schwarz und ich sah nichts.

Dieses Mal war ich das erste Mal in der Lage die „Augen"selber zu öffnen. In der Tat fühlt es sich kaum anders an als „hier", doch ist das bewusste Wollen (Fokus) der Aktion „Augen aufmachen!" und das anschließende Tun wichtig. Es gelingt mir mit jedem Mal besser!

Was mir auch auffällt: ich kann mir inzwischen Fragen die ich habe oder Dinge die ich ausprobieren möchte vorher stellen und ich bekomme das Passende geliefert! Dies kann auch ein Gedanke den ich am Tag hatte sein z.B. „Ich möchte mich mal von oben auf dem Bett liegend sehen!"

Meine Interpretation der Dinge:

Der Startpunkt in dieser Serie war immer ein Haus in dem ich mich auskenne. Es ist mir vertraut, doch nicht aus meinem gewöhnlichen Leben. Woher ich es kenne, weiß ich nicht.
Zwischen den Erlebnissen spüre ich die Bewegung in den Körper und das erneute Herausgehen.

Soweit ich die Erlebnisse noch in Erinnerung habe, gebe ich sie hier nun wieder und bitte bedenke, dass ein kurzer Satz wie : „Ich erkunde das Haus und fliege dort herum. Ich kann durch Wände/Fenster gehen.", nur ein Satz aus Worten ist. Er beschreibt weder die Klarheit noch die Begeisterung und Gefühle in der Situation. Ich wollte ich könnte dir diese Dinge mitgeben. Stell dir vor, du könntest diese Dinge bewusst tun. Du wärst in so einer Umgebung und kannst all diese, hier auf der Erde unmöglichen Dinge tun. Du wärst auch begeistert, das weiß ich.

Vielleicht ist der erste Erlebnis nur eine Art Anpassung gewesen.

Dem zweiten Ausflug ging der Wunsch meine „Begleiter" zu sehen voraus. Ich rechnete mit Einem bis Drei, jedenfalls ein Wesen welches gleich erkennbar ist: ein Indianer, ein „alter, weiser Mann mit langem Bart", so etwas in der Art. Die Antwort kan dann doch anders.

Ich verließ meinen Startpunkt (das Haus) und befand mich in einer kleinen Stadt. Die Häuser waren eher älter im Baustil, aber nett und sauber. Ich fragte mich gleich, wo ich denn nun nach diesen Guides suchen sollte, denn ich wollte ja diese Helfer treffen und auf der Straße sah ich niemanden. Also schaute ich mich um, bewegte meinen imaginären „Kopf", sah aber niemanden. Allein die Tatsache um das Wissen das ich in einer anderen Ebene den Blick willentlich schweifen lassen kann, begeisterte mich.

Was tun? Der menschliche Verstand schaltete sich ein. Möglicherweise steht auf irgendeiner Klingel an einer der Türen ein Hinweis!

Lächerlich, als würde da stehen: „Spiritueller Helfer – Bitte hier läuten!" Jetzt erscheint es mir natürlich lustig auf diese Idee gekommen zu sein! In einer Situation auf der Erde wäre es vielleicht nachzuvollziehen und sinnvoll, dort wohl eher nicht.

Ich gebe es zu, ich bewegte mich tatsächlich dort zu einer Klingel und las etwas mit „Blondinen" was ich als eine Art Test sah. Ich läutete - ganz oben (nix mit Blondinen), doch als sich nichts tut, beschließe ich weiter zu gehen.

Plötzlich sah ich die ersten Menschen über die Straße gehen. Nicht nur Einer oder Drei, es wurden immer mehr. Ich bewegte mich weiter und befand mich dann auf einer Wiese, auf der Reihen mit Bänken voller Menschen waren.

So viele Menschen, wo sollte ich denn da „den" Besonderen herausfinden?

Ich ging durch die Reihen und alle sahen ziemlich normal aus. Ich stoppte vor einer dunkelhaarigen Frau die etwas indianisch aussah und fragte mich, ob sie es sei. Ich hätte sie ja auch fragen können, tat es aber nicht.

Wie ich mich weiter bewegte, eilte ein Mann von hinten an mir vorbei und ich rief ihm nach: „Wo sind meine Helfer?"

Er antwortete etwas wie: "In der Schublade!" oder so. Ich rief noch mal und er antwortete das Gleiche noch einmal. In dem Moment war ich enttäuscht. Ich dachte jemanden zu treffen und dann wieder so eine kryptische Antwort!

Wie klein gedacht! ALL diese Wesen sind meine Helfer!!! Nicht Einer oder Drei !!! So viele!!! Sie sind „in der Schublade" also genau dann verfügbar und helfend, wenn sie benötigt werden, so wie wenn man das nötige Utensil aus einer Schublade holt, wenn es nötig ist.

Beim dritten Ausflug sehe mich von der Decke oben liegend und schwebe dann herunter und gehe wieder in den Körper.

Manchmal habe ich eine Art Sehstörung mit dem rechten Auge nachdem ich die Augen „drüben" öffne. Wenn ich sie nicht wegbekomme, schließe meine Augen dann wieder und kehre zurück.

Der folgende Ausflug ist wieder spannender. Ich erinnere mich an einen Schiffsuntergang. Auf dem Schiff waren viele Menschen und es war ein Fest im Gang. Jemand ließ dieses Schiff absichtlich untergehen und ich war, soweit ich mich erinnere der Einzige, der es voraussah. Viele Menschen kamen dort um.

Ich kann anschließend, obwohl ich weiß, dass sie dort umkamen, zu ihnen fliegen und mit ihnen reden. Daran kann ich mich erinnern. Mein Gefühl sagt mir, dass sie in dieser astralen Ebene leben und nicht wissen, dass es weiter geht oder gehen kann, aber nur wenn sie selber es wollen.

8. Ein paar Übungen

Damit es nicht zu langweilig wird, möchte ich dir aus meinen Beobachtungen heraus Übungen geben, die es dir ermöglichen solche Dinge zu erleben.

Zu aller erst noch einmal: die Dinge klingen normal, doch du wirst es im selben Moment wissen, dass es eben alles andere als „normal" ist. Dies kann und wird dir einen gehörige Portion Aufregung einbringen.

Bleib ruhig! Es kann dir nichts geschehen.

Gerade am Anfang wird man sich durch die plötzliche Aufgeregtheit nur unnötig Sorgen bereiten. Bedenke, dass auch du es schon immer in der Nacht getan hast, nur bist du dabei unbewusst und weißt anschließend nichts mehr davon.

Du hast es immer schon getan, nur bist du diesmal bewusst dabei.

Im Schlaf geht jeder Mensch in jeder Nacht auf Reisen und du tust es seit du hier bist. Hast du dir mal Gedanken gemacht, warum wir überhaupt schlafen?

Ich verstehe, dass ein gewisser Anteil völliger „Ausblendung" und Ruhe für den Körper und Geist nötig ist. Als ich das erste Mal mehrere Ausflüge hatte, wurde es schon anstrengend und ich fragte mich, ob es jetzt die ganze Nacht so weiter gehen würde.

Ausruhen und Erholung ist sicher ein Aspekt dahinter und ich kann es Nachvollziehen.

Was sagt die Wissenschaft weiter?

Sie geht davon aus, dass wir im Schlaf lernen würden und Dinge, die wir am Tag erleben, festigen würden und einer neueren, wissenschaftlichen und aus Amerika stammenden Theorie zu Folge, schlafen wir nur, „um uns aus Problemen herauszuhalten". Wir könnten komplett auf Schlaf verzichten und die Tiere denen man zum Test den Schlaf entzog, starben an Stress und nicht am Schlafentzug, so die Behauptung. Wenn das alles ist, was an Erklärungen da ist, dann weiß ich nicht.

Wenn mich jemand im Traum erschießt, dann habe ich Stress. Wenn ich im Traum in einer Kriegssituation oder generell bedrohlichen Situation bin, dann lerne ich sicher nicht, es sei denn ich bin Soldat in einem Krisenherd.

Vielleicht meinen sie auch, dass das Gehirn gewisse Verbindungen im Schlafzustand schneller bauen kann, weil andere Körperfunktionen heruntergefahren sind. Das würde mir eher einleuchten. Wie eine Pflanze eher in der Nacht wächst als am Tag, so könnten gewisse Kreisläufe beim Menschen ähnlich gelagert sein.

Trotzdem reichen mir diese wissenschaftlichen Erklärungen nicht. Es muss etwas mehr dahinter sein und deswegen ist meine Theorie genauso plausibel und gerechtfertigt, wie jede Andere.
Ich denke sogar, dass meine Theorie einen Teil mit einbezieht, der von der Wissenschaft hier komplett vernachlässigt wird, weil es einfach nicht greifbar oder messbar ist: *„Erfahrung sammelndes Bewusstsein".*

Was, wenn wir tatsächlich (auch) auf anderen Bewusstseinsebenen Aufgaben bewältigen? Bitte bedenke, dass auch die Erde eine Bewusstseinsebene ist, denke an die Substanzlosigkeit der Materie und wenn es dich interessiert, beschäftige dich mit der Quantenphysik.

Wozu machen wir denn immer und immer wieder die gleichen Erfahrungen, lernen die gleichen Typen von Menschen kennen und stolpern so lange über eine Situation, bis wir sie gelöst haben? Ist das Zufall?

Ist es Zufall, das mein Zwillingsbruder und ich, obwohl wir in zwei verschiedenen Ländern wohnen und teilweise bis zu 800km voneinander getrennt lebten und kaum Kontakt hatten, den nahezu gleichen Lebensweg hatten? Hier spielen Energien mit, die wir einfach noch nicht oder nicht mehr begreifen können und diese bleiben nur solange mystisch, solange sie nicht erklärbar sind. Irgendwann werden die Zusammenhänge klar sein und dann werden viele Menschen. die vorher skeptisch die Augen verdreht haben sagen, sie hätten es schon immer gewusst, wetten? Es ist ein Gefühl, was hier die Antwort gibt und nicht der Verstand. Wenn du es spüren kannst, dann hast du es in Form eine Ahnung, dass hinter diesen Dingen mehr steckt.

Spüre deinen Körper bewusst. Sei am Tage, zumindest zeitweise, voll präsent im Körper.

Benutze deine Augen bewusst. Achte auf Farben und Formen. Öffne deinen Fokus, indem du deine Aufmerksamkeit hinter deinen Kopf legst, bei offenen, nach vorne schauenden Augen, wohlgemerkt. Ich beschrieb bereits in „Der Apfelkern" eine Technik dazu. Stelle dir am Hinterkopf einen Apfel vor und „sehe" diesen vor deinem inneren Auge. Halte den Fokus darauf und nun schaue dich um.

Legen deinen Fokus beim Sehen auch auf den Bereich der Stirn und schaue dich um. Wie fühlt sich das an? Was siehst du? Lasse dir Zeit, spiele damit. Habe Spass. Vor allem, gehe bei diesen Körperübungen aus deinem Verstand. Frage dich nicht, warum und wieso. Mache es ohne Erwartungen.

Experimentiere mit deinem Bewusstsein. Du kannst in die Ferne blicken und dein Bewusstsein darauf ausrichten. Dann spüre dich wieder im Körper, ganz „in" dir.

Das Gleiche kannst du mit deinem Gehör machen. Einmal lausche auf deinen Herzschlag und auf Töne in deiner Umgebung, dann wiederum höre Geräusche in der Ferne. Genauso kannst du Dinge „überhören" die in deiner unmittelbaren Umgebung stattfinden.

Lege deinen Fokus auch einmal auf einen Punkt im Bereich der Schläfen. Was sagt dir deine innere Stimme eigentlich?

Kannst du mehrere Dinge gleichzeitig wahrnehmen? Natürlich kannst du! Ich bin sicher, dass du deine Hand spüren kannst und gleichzeitig auch deinen Fuß. Wenn du das kannst, dann kannst du auch gleichzeitig deine andere Hand wahrnehmen und dich immer weiter ausdehnen.
Wenn es dir Probleme macht, lasse dir Zeit. Es sind schöne Körperübungen die dir deine Sinne erweitern. Vielleicht kannst du einen Partner dazu überreden, mitzumachen. Sei sinnlich.
Nun, bei mir passieren diese Dinge meistens morgens. Ich kann in dem Bereich zwischen Schlafen und Wachsein bleiben, das heißt, in einem total entspannten Zustand. Wenn du zum Beispiel morgens kurz aufwachst, zur Toilette gehst und dich dann nochmal hinlegst, dann ist die Wahrscheinlichkeit groß, dass du nicht sehr „tief" einschläfst.

Beobachte dich beim Atmen. Atme als Beobachter, nicht als Handelnder.

Wenn du den Fokus zu stark auf das richtige Atmen legst, wird sich dein Atmen beschleunigen und du bist zu stark fixiert. Richtig atmen lernen ist wichtig, doch alles zu seiner Zeit. Willst du richtiges Atmen lernen, dann setze dich bewusst mit genau in dieser Absicht hin.

Unser Ziel jetzt ist aber in einen Entspannungszustand kommen und wenn du dich einfach gefühlsmäßig an das Einschlafen erinnerst, dann wirst du nie vorher deinen Fokus auf deine Atmung legen, du wirst „Loslassen" müssen. Atme also leicht. Es geschieht automatisch.

Mache einen tiefen Atemzug in der Absicht der Liebe, des Wissens oder der Fülle.

Im nächsten Schritt kannst du dich in Gedanken auf Wanderschaft machen. Gehe zurück in deine Kindheit. Schaue dir noch einmal die Gegend an wo du gespielt hast. Wenn du keine Erinnerung mehr daran hast, dann wandel in Gedanken durch deine jetzige oder eine frühere Wohnung. Fliege in Gedanken über Wege und Wiesen auf denen du schon einmal spaziert bist.

Du kannst auch eine Fantasiereise machen, wenn du es möchtest. Gehe über eine Wiese und wie sie aussieht, ist deine Sache. Sehe ein Haus und auch hier sind deiner Fantasie keine Grenzen gesetzt. Wie sieht es aus? Wohnt da jemand drinnen? Wenn ja, wer? Hat er oder sie etwas zu sagen?

In diesen Übungen ist der Fokus vor Allem auf das Sehen und „in Gedanken existieren" gelegt. Ich möchte hier aber betonen, dass ich diese Übungen bevor ich die ersten Ausstiege hatte, nie gemacht habe. Sie sind also nicht zwingend und auch nicht der Auslöser. Diese Art Reisen per Verstand sind für mich auch eher schwach und nicht zu Vergleichen mit denen, die ich in diesem Buch hier versuche zu beschreiben. Sie dienen als Übung.

Existiere in Gedanken. Spiele damit.

Nun folgt ein paar Anregungen im Sinne um eine Art gedanklicher „Lösung" und „Lockerung" vom Körper und dies kannst du auf verschiedene Weisen erreichen.

Sei ein Drache. Steige in die Luft und schwinge hin und her. Sei der Delfin, Springe im Wasser auf und ab. Sei die Gondel der Achterbahn oder der hüpfende Ball.

Du kannst dich zum Beispiel in Gedanken weit ausdehnen, wie eine imaginärer Luftballon, der immer und immer größer wird. Du kannst dir nun vorstellen zu schweben. Sei ein Fesselballon und steige langsam höher. Spüre deinen Körper dabei. Vielleicht magst du eher ein kleinerer Ball sein und dich schneller und nicht so weit in die Luft werfen. Je nach Vorliebe, wie es dir Spass macht.

Wenn dir das zu ruhig ist, dann schlage ich eine Achterbahnfahrt vor. Vielleicht bist du auch schon einmal eine lange Wasserrutsche im Schwimmbad hinuntergerutscht und kannst dich daran erinnern. Lasse dich in Gedanken hin und her fallen. Spüre die Geschwindigkeit und die Kurven. Vielleicht magst du Motorradfahren, Skifahren oder Fliegen? Dann nur zu! Lege dich in die Kurve und fahre eine kurvige Strecke. Hier kann dir nichts passieren. Alles was mit Bewegung zu tun hat, ist Willkommen.

Früher hatte ich eine Abneigung gegen Achterbahnen. Heute mag ich sie, ein Nebenprodukt meiner Erfahrungen. Das Gleiche gilt übrigens für die Dunkelheit.

Das Fliegen und alles was mit der Fliegerei zusammenhängt interessiert mich ebenfalls, Motorradfahren liebe ich.

Nicht erschrecken!

Wenn du nun Geräusche wahrnimmst, wie ich etwa diese Vibrationen oder einen Knall, bleibe ruhig. Diese *Energie* kannst du heranholen, wenn du dein Bewusstsein darauf fokussierst. Es wird dann lauter werden und dann plötzlich verschwinden. Dieses „Heranholen" geschieht durch weitere Entspannung – eine Art „Eintauchen". Atme ein und entspanne dich. Lasse es geschehen.

Es wird Anfangs ein ungewohntes Gefühl sein und möglicherweise brauchst du eine gewisse Zeit dich darauf einzulassen.

Irgendwann wird dieses Geräusch und/oder diese Vibrationen verschwinden. Anfangs können sie sehr deutlich sein, später sind sie nur ein Hauch von dem. Ich spüre es heute nur mehr als leichte Vibration und weiß dann, dass ich „aufstehen" kann. Ich kann in diesem Punkt natürlich nur für mich sprechen, denn in deinem Fall kann es komplett anders sein. Anfangs sah ich nichts und hatte wenig Handlungsfreiheit. Jetzt kann ich willentlich „aufstehen" und die Augen öffnen. Hier scheint es also einen Entwicklungsprozess zu geben und der kann, muss aber nicht, bei dir ähnlich sein.
Wenn du es geschafft hast, dann solltest du jetzt den Raum in dem du schläfst sehen können. Er ist vielleicht in manchen Details etwas anders, doch du erkennst ihn sofort. Für mich ist es hilfreich, wenn ich nicht in einem komplett dunklen Raum schlafe, also zum Beispiel das Rollo nicht ganz herunterziehe, denn ich habe bemerkt, dass auch die Helligkeit übereinstimmt. Ist es komplett dunkel habe ich erst Probleme zu sehen, obwohl ich die „Augen" auf habe.

Jetzt wird es spannend. Wenn du durch eine Tür gehst, *kann* es auf einmal absolut hell sein und du bist plötzlich woanders. Ich sage „kann", denn sicher gibt es die Möglichkeit auch weiter in dieser „Ebene" zu bleiben.

Über einen Traum bewusst zu werden

Realisiere, dass du träumst.

Um über einen Traum bewusst zu werden, sei am Tage präsent. Sei dir am Tage bewusst, dass du nicht träumst. Sage dir, dass dies kein Traum ist und erkenne es. Schaue dir Blumen an, den Himmel und die Vögel. Nimm die Farben wahr. Schaue genau hin und realisiere, dass du NICHT träumst.

Wenn du nun den Unterschied erkennst, dann kannst du im Traum realisieren, dass dies nur ein Traum ist.

Du kannst es auch von der anderen Seite angehen und dich am Tage dauernd fragen, ob du träumst. Ich finde die andere Methode einfacher, weil sie leichter integrierbar ist. Handel nach deiner Vorliebe. Vielleicht findest du auch eine andere, bessere Methode.

Wiederum nicht erschrecken! Es kann dann sein, dass du plötzlich klar wirst und du zuerst den Unterschied zum Tagesbewusstsein nicht auseinanderhalten kannst. Es ist mir tatsächlich mehr als einmal passiert und viele Chancen sind mir so durch die Lappen gegangen. Also aufgepasst!

Wenn du nun bewusst bist und du drüben handeln kannst, experimentiere. Schau dir alles an, du wirst sofort wissen, was du machen willst.

Ich gehe davon aus, dass du in höhere Ebenen gehen willst und für Menschen die anders denken bin ich da eher die falsche Adresse. Mancher denkt vielleicht daran den Zustand der Außerkörperlichkeit durch Zuführung von Drogen hervorrufen. Ich möchte davon abraten, stehe aber nicht mit erhobenem Zeigefinger vor dir und sage, dass du das nicht darfst. Es ist deine Entscheidung.

Alte Schamanen nahmen Pilze oder andere Extrakte um in eine Art Trancezustand zu kommen. Ich habe, dass gebe ich zu, auch schon „Gras" geraucht und dies war für mich weder toll, noch hat es, außer Kopfweh am nächsten Tag, irgendetwas bewirkt. Ehrlich gesagt weiß ich nicht, was daran so großartig sein soll und die Zustände die ich auf natürliche Art und Weise erreichen kann, wirst du meiner Meinung nach mit diesen Drogen nicht erreichen können. Ich lehne jede Droge für mich ab und möchte meinen Geist und Körper so rein wie möglich halten.

Manchmal habe ich nach einer sehr traumaktiven Nacht leichte Kopfschmerzen, gerade aber auch dann, wenn sich diese „Energie" auf oder über mich legt. Bei mir ist diese aber recht selten und nicht stark. Wenn du mit starker Migräne zu tun hast oder krank bist, wirst du wahrscheinlich eh nicht auf die Idee kommen, solche Reisen zu probieren. Du solltest dich in jedem Fall gesund fühlen und es sein und wenn du epileptische Anfälle hast und hier meine ich starke Anfälle die medizinische Kontrolle benötigt, rate ich sowieso davon ab.

Apropos Epilepsie. Einer Theorie zufolge hat die Wissenschaft „Gott" im menschlichen Schläfenlappen gefunden und nun wird genau dieser Vergleich hergenommen um Zustände wie ich sie erlebe mit dem Hinweis auf eine „Schläfenlappenepilepsie" tot zu reden.

Das Gehirn ist eine Antenne, eine Umschaltstation und ein Werkzeug, mehr nicht. Wir sind nicht unser Gehirn und wir sind nicht unser Herz. Wir sind weit mehr! Ich erlebe keinen der Symptome einer Schläfenlappenepilepsie, bin vollkommen bewusst dabei und wurde auch schon während ich „draußen" war, körperlich beobachtet. Mein Körper war ruhig dabei, während ich vollkommen bewusst unterwegs war, das war alles. Diese Theorie ist ein schlechter Ansatz und geht davon aus, dass ich „unnormale" Dinge erlebe und alle anderen „normale". Dies ist nicht der Fall. Es erfordert einige mentale Disziplin und Ausdauer diese Reisen zu tun und wenn du es verfolgt hast kannst du beobachten wie sich hier eine innere Entwicklung vollzogen hat und weiterhin vollzieht.

Wohlfühlen ist wichtig. Es ist das Wichtigste Kriterium hier!

Aus meinem Umfeld weiß ich, dass solche Erfahrungen wie ich sie bereits erfuhr, stark zunehmen. Die Menschen werden immer bewusster und beginnen sich für diese Themen zu interessieren. Es ist ein natürlich ablaufender Entwicklungsprozess im Gange und hinter den Dingen steckt mehr, als wir mit unseren Sinnen wahrnehmen können.

Ein sehr interessanter Ansatz ist der entdeckte Zusammenhang zwischen Sonnenaktivität und Aktivitäten des Gehirns insbesondere in meiner Hinsicht auf spirituelle, sprich geistige Erfahrungen.

Meine Beobachtung war es, dass ich vermehrt nächtliche Erfahrungen hatte wenn die Sonne aktiver war. Es gibt übrigens Wissenschaftler, die in diese Richtung forschen.

Für mich war es besonders am Anfang wichtig, meine Erlebnisse mit mir nahestehenden Personen zu teilen, so zumindest war der Wunsch. Natürlich geht das nicht immer, doch konnte ich mich auch bei meinen Eltern irgendwann nicht mehr zurückhalten. Ich habe Vertrauen darin, dass sie mich nicht für verrückt halten und wissen, wie und wer ich bin. Ich denke sie können es gut einschätzen und wissen inzwischen auch, wie ich mich entwickelt habe und was für eine innere Haltung ich habe.

Nach einer Diskussion mit meinem Vater damals im Jahre 2006 meinte er, dass „diese Sache" schon wieder aufhört, wenn ich nur erst wieder „richtig" arbeiten würde. Zur damaligen Zeit war ich gerade aus Österreich nach Bochum zurückgekehrt und hatte zunächst keine Arbeit. Dieses änderte sich dann und ich heuerte eigentlich von heute auf morgen bei einer dieser „modernen" Zeitarbeitsfirmen an. Der genaue Verlauf war etwas komplizierter, doch hier sei es nur erwähnt um das Argument meines Vaters zu widerlegen, ohne ihm zu nahe zu treten.

Über diese Firma kam ich zunächst als Monteur nach Lingen in Deutschland. Ich geriet in wirklich heftigen Stress, denn mein lieber Herr Vorarbeiter nahm sich Einen nach dem Anderen vor, um demjenigen seine imaginäre Macht zu zeigen. Einer nach dem anderen war dran und eines Tages hatte er es dann auch auf mich abgesehen. Leider hat er sich am Ende ins eigene Fleisch geschnitten, dies sei nur am Rande erwähnt. Solche Menschen brauche ich in meinem Leben nicht und sie prallen an mir ab, wie von einer Wand. Menschen sollten anderen Menschen generell mit Respekt begegnen und dies war hier nicht gegeben.

Geärgert habe ich mich trotzdem und so kam es, dass ich eine Nacht bevor ich „zurückschlug", rein metaphorisch gesehen, nicht schlafen konnte. So einen inneren Stress und Druck hatte ich noch überhaupt nie erlebt und es bewies mir, dass meine Erfahrungen unabhängig davon zu sein scheinen.

06.09.06

In Lingen:

In der letzten Nacht im Hotel in Lingen hatte ich mehrere Erlebnisse hintereinander. Ich denke es ging an 5 oder 6 oder mehr. Zwischen den Sequenzen spürte ich jedes Mal das „Umschalten" in meinem Kopf. Da das Ereignis aber schon etwas zurückliegt, kann ich mich nicht mehr an jede Sequenz erinnern. Ich weiß, dass ich irgendwann dachte: "Oh Mann, geht das jetzt die ganze Nacht so weiter??"

Die Austritte starteten jedes Mal direkt aus meinem Hotelzimmer, welches ich zunächst wahrnehmen konnte und jedes Mal wenn ich die Zimmertür durchschreite, schien ich in eine andere Ebene zu wechseln.

Ich weiß, dass ich in einer Wohnung war und in ein Wohnzimmer eintrat. Dort waren zwei mir unbekannte junge Männer. Ich fragte den Einen, ob es sie nicht erschrecke, wenn ich auf einmal durch die Tür käme. Er antwortete: "Nein!", ich darauf, „Ist es weil ihr wisst das man zwischen den Dimensionen wechseln kann?", er antwortet „Ja."

Wir redeten noch weiter aber ich kann mich nicht mehr erinnern was.

Eine Sequenz war in einer Art Park mit Tieren, die ich so noch nie gesehen hatte.
Die Köpfe der Tiere waren rundlich und liebenswert. Eine Frau dort lächelte mich an.

Leider ist es bei der Anzahl der Erlebnisse leicht möglich, Dinge daraus zu vergessen. Ich hatte auch nicht direkt die Möglichkeit diese aufzuschreiben. Ich kann mich dunkel an eine Sequenz erinnern, in der ich das Hotelzimmer verließ und am Gang irgendetwas anschaute. Diese Erinnerung ist aber wirklich nur noch schwach vorhanden. Soweit also zur These, dass Stress diese außergewöhnlichen Erlebnisse verhindert. Die klare Antwort ist Nein.

Allerdings kann man selber auch in einen Stress geraten, nämlich dann, wenn man zu fest etwas „will". Gehe dieses Problem von der anderen Seite an. Da du es schon immer getan hast, brauchst du es nicht „wollen", du tust es eh. Auch ich fragte mich sehr oft, warum ich denn jetzt schon „eine Woche" nichts mehr erlebt hatte. Wenn es mal 2 Wochen waren, dann geriet ich schon in Panik! Die Überraschung folgte dann früher oder später sowieso: es kam wieder eine Erweiterung und Steigerung der Fähigkeiten.
Ab und zu sind einfach Pausen notwendig um die Energien anzupassen und zu erweitern. Ich habe dazu leider keine Beweise für dich, doch ich kann aus meiner Beobachtung und Erfahrung sprechen.

DAS war bisher das genialste Erlebnis und eine weitere Steigerung!

Ich hatte in dieser Nacht mehrere Austritte, wie viele weiß ich aber nicht genau.
(ich schätze 6+)

Anfangs kam das vibrierende Geräusch und ein Schaukeln und ich ließ mich darin einfach „fallen". Ich war bei JEDEM Austritt neben meinem Bett in dem ich schlief und in der Wohnung meiner Eltern. Der Raum war dabei immer dunkel, so wie er auch wirklich war.

Ich bewegte mich jedes Mal heraus aus dem Zimmer und ich untersuchte die Wohnung und schaute mir alles genau an! Bei jedem Erlebnis war die Wohnung anders!
Manchmal waren die gleichen Möbel darin doch die Dekoration war verschieden. Teilweise war ich so begeistert davon, dass ich mir dachte: "DAS muss ich mir merken! Das sieht klasse aus! Das muss ich meinen Eltern weiter sagen! Da war zum Beispiel ein Wohnzimmer das hatte den gleichen Schrank, aber mit gelben quadratischen Elementen am Schrank und an der Decke. Alles war sehr farbenfroh.
Ich schaute jedes Mal nach meinen Eltern, ob ich sie finden konnte. Ob es wirklich meine Eltern waren weiß ich gar nicht, aber in der jeweiligen Situation hatte ich das Gefühl und die Gewissheit dass sie es waren. WO ich genau war, kann ich jetzt überhaupt nicht sagen! Sind es einfach parallele Existenzen oder spiele ich nur mit verschiedenen Potenzialen?

Ich sprach in einer Sequenz mit meiner Mutter. Ich fragte nach dem Namen meines Zwillingsbruders und wo er sei. Er war nicht da. Dann fragte ich nach meinem Namen. „Wo ist Carsten?"

„Ihn", also MICH gab es in dieser Geschichte überhaupt nicht. Er war hier unbekannt! Es folgte eine Diskussion, dass sie doch meine Mutter sei, worauf der Mann dann recht ungehalten war. Ich musste ihn daraufhin erst einmal beruhigen!!!

Die allerbeste Sequenz startete wieder neben meinem Bett und ich ging in die Küche. Diesmal war auch hier alles dunkel und so beschloss ich nach

draußen zu gehen. Was mir auffiel: Ich konnte in dieser Welt NICHT durch Fenster gehen oder fliegen. Die Dinge waren massiv, ich konnte fühlen, hören, reden, riechen. Ich ging also durch die Zimmer, schaute kurz ins Schlafzimmer und ging in die Küche. Etwas interessierte mich da draußen (es hatte geschneit) und so ging ich durch den Hausflur nach unten. Die Fortbewegung war mühelos eher gleitend. Ich war dann auf der Straße. Ich war da unten, nahm den Schnee wahr und dachte: "Ich will probieren ob ich den Schnee anfassen kann!!!"
Und ob ich konnte. Ich war dermaßen begeistert das ich das konnte und dachte: "Der fühlt sich ja genau so an wie in echt!!!!!!"
Ich formte sogar einen Schneeball!

Dann orientierte ich mich weiter. Da waren zunächst ein paar ältere Frauen, winterlich bekleidet. Ich sprach sie an und fragte dann ob irgendeine von den Damen mir etwas sagen wollte. Eine sagte etwas, ich weiß aber nicht mehr was. Es war, glaube ich, auch nichts Bedeutungsvolles. Ich bog dann irgendwann nach links ab.

Offenbar war da eine Art Weihnachtsmarkt. Es gab Essen und Trinken. Ich ging an den Ständen vorbei und roch das Essen. Ich sog den Geruch auf!!! Ich war ein weiteres Mal begeistert! An einem Stand gab es (asiatisches) Essen. Irgendetwas passierte dort (ich glaube etwas wurde umgestoßen). Auf diesen Vorfall hin war ich plötzlich im Gespräch mit den Leuten dort. Ich bezahlte mit Euro, sie bezahlten mit anderem Geld!!! Ich schaute mir die Geldscheine an.

Ich unterhielt mich mit den Menschen dort! Und dann hatte ich ein Kribbelgefühl am Kopf. Ich deutete dies als Rückruf meines Körpers. Ich sah eine kleine Bank, dort setzte ich mich nieder. Eine junge Frau sah mir zu und witzigerweise verabschiedete ich mich sogar von ihr! Absolut aufregend diese Sequenzen! Meine Worte reichen nicht aus und leider verblassen die Erinnerungen immer sehr schnell. Vielleicht wird das eines Tages Anders.

Eine weitere sehr interessante Sequenz hatte ich dann etwas später. Sie zeigt, dass man zeitlich ungebunden ist.

<u>06.11.06</u>

Ich bemerke plötzlich, dass ich den Raum um mich wahrnehme. Mir ist plötzlich bewusst, dass ich zwar noch liege, aber gelöst bin. Ich denke: "Ja, dann kann ich ja auch aufstehen!"

Also stehe ich auf. Ich bin in einer dunklen Wohnung. Da ich schon immer wissen wollte ob ich außerkörperlich auch meinen normalen Körper wahrnehme, schaue ich hinunter. Ja, ich konnte ihn sehen. (zumindest hier!)

Diesmal ist es aber nicht die normale Elternwohnung, sondern eine andere. Da ist ein langer Flur mit abzweigenden Räumen die aber alle verschlossen sind. Ich finde zunächst keinen Ausgang und frage mich, wie ich aus dieser Wohnung kommen kann. Als ich mich wieder umdrehe, erkenne ich einen Türgriff an der Wohnungstür. Ich gehe heraus und da ist ein helles Treppenhaus was sehr tief nach unten geht. Da ich nicht laufen will und ich weiß, dass mir nichts passieren kann, schwinge ich mich über das Geländer und lass mich in der Mitte herunterfallen.

Unten angekommen gehe ich auf die Straße. Es fallen mir sofort die Autos auf. Sie sind allesamt etwa Baujahr 1970 +-5Jahre. Als ein Mann an mir vorbei läuft mache ich die Bemerkung dass es die 70er Jahre sein müssten. Er dreht sich um und hebt den Daumen. Auch die Menschen passen in die Zeit. Ein Auto habe ich mir genau gemerkt und später im Internet nachgeforscht wann es gebaut wurde. Auf dieser Erkenntnis beruht meine Schätzung des Jahrgangs, immerhin wurde ich 1970 erst geboren. Dieses spezielle Modell wurde etwa ab 1965 gebaut. Es war faszinierend, dass die Situation so zusammengepasst hat.

Was hier auch nicht verheimlicht werden soll ist, dass sich sexuelle Gelüste in diesem Sequenzen ebenso breitmachen können. Ich habe überhaupt nichts dagegen - in meinem normalen Erdenleben. Im außerkörperlichen Zustand hat es mich meistens gestört und wenn es dazu kam, habe ich der „verpassten" Chance etwas wertvolleres zu erleben, am Ende oft nachgetrauert. Es mag andere Menschentypen geben die darauf aus sind so etwas zu erleben, ihnen sei gesagt, dass auch solche Erlebnisse möglich sind.

Rein bildlich gesprochen und als Bild nehme ich eine „Zwiebel" weil man an ihr die Schichten sehr deutlich sehen kann, bist du hier entblättert - der „Kern" sozusagen.

Dort existieren diese Schichten nicht und das was du machen willst, das machst du. Es gibt kein Zögern oder Lamentieren, du tust es einfach. Du startest von einem Balkon, gehst durch Wände oder Fenster, fliegst mal eben herum und freust dich närrisch über Schnee, weil du weißt, dass du woanders bist, wo auch immer das ist. Drüben ist das alles natürlich und es besteht nicht der geringste Zweifel oder der Ansatz einer menschlichen Angst.

Der Zeit in Lingen folgte eine Art innere Selbstfindung, mit dem Ziel mein momentan geglaubtes, ungeordnetes Leben wieder in den Griff zu bekommen. Zwei nächtliche Erlebnisse hatte ich, dich mich genau an dieses Zusammenfügen erinnern. Das Zweite sei hier erwähnt.

20.11.06

Das zweite Mal das ich heraus gehe und einen Raum vorfinde in dem alle möglichen Teile EINER Einheit verstreut am Boden liegen. Ich weiß irgendwie, dass diese Teile zusammengehören. Mein erster Gedanke und mein Handeln sind hier „Ordnung" zu schaffen und die Dinge mit der Kraft meiner Gedanken wieder zusammenzufügen. Dies gelingt mir dann auch, meistens benutze ich meine Hand um die Dinge (alle gemeinsam) zu bewegen.
Hier war es so, dass ich erst Mühe hatte die Gegenstände zu bewegen. Mit etwas mehr Konzentration und Willen ging es dann doch recht gut. Vielleicht bezieht sich das auf mein Leben, dass ich momentan wieder „in Ordnung" bringe.

Ich schrieb diesen letzten Satz interessanterweise ohne zu wissen was später folgte.

Zunächst entschied ich mich dafür meinen Lebensplan wieder zu ändern. Ich spürte, dass Bochum nicht der Ort ist, an dem ich momentan sein wollte und ich „marterte" mich teilweise selbst, weil ich zunächst nicht wusste, was ich tun sollte, um dem wieder zu entkommen.

Die Antwort kam dann von einer Freundin aus Innsbruck, die mir die Rückkehr nach Tirol ermöglichte. Ich habe dies schon genauer im Apfelkern beschrieben, hier sei es nur kurz erwähnt.

Dies schrieb ich damals und mir tut es leid, wenn ich mit dem erneuten Vorgehen mir nahestehende Menschen verletzt habe. Für mich war es damals ein notwendiger Schritt.

23.11.06 Rückkehr nach Innsbruck
Ich kann nicht „der" sein, der ich anderen Meinungen nach, sein soll. Ich erschaffe mich neu und das kann ich nur da, wo mein Herz ist. Mein Herz ist voller Freude wieder hier zu sein, auch wenn es ein Sprung ins Ungewisse ist.

Nach der anstrengenden Phase folgte eine Art langsamer Erholung. Diese war eindeutig nötig um mich wieder spüren zu können.

9. Heilungen

Ich hatte ein paar Erlebnisse, in denen es um Heilung ging. Bei dem nächsten Erlebnis welches ich hier schildern möchte, habe ich es verwundert erlebt.

Abends (19.06.07) fängt mein Hals an weh zu tun. Ich gehe daher früh ins Bett. Um ca. 23 Uhr werde ich wieder wach und spüre meinen Hals doch sehr. Da ich keine Medizin habe, trinke ich einen heißen Früchtetee und gehe wieder ins Bett. Irgendwann in der Nacht habe ich einen Austritt, da ich aber nicht viel sehen kann und auf den bloßen Gedanken „Licht" nichts heller (oder nur unwesentlich heller) wird, breche ich ab. Zuvor fliege ich allerdings noch eine Runde in der Dunkelheit.

Diesem ersten Erlebnis folgt ein interessanter Traum, der das Verständnis über Leute die „ohne Gelddruck" leben wollen, steigert. Ich befinde mich in einer Gemeinschaft, in der jeder eine handwerkliche Sache macht. Dargestellt als farbliche Energie erkenne ich eine Macht, die überall eindringen kann. Gedanken/Beschuldigungen/Hass etc.
Die Menschen dort versuchen ein Mittel, welches aus 8 Zutaten bestehen würde, dagegen zu mixen. Es ist eine rote Flüssigkeit. (Liebe?)
Sie wissen aber nicht, ob es hilft.

Um ca. 7:30 Uhr (20.12) werde ich wach. Hals tut immer noch weh. Ich beschließe den Tag im Bett zu verbringen und lege mich, nach einer Tasse Tee, wieder hin. Mich stört das helle Licht und deswegen ziehe ich mir ein Stirnband über die Augen. So sehe ich nichts und es geht.

Dann, irgendwann (geschätzt) nach 9 Uhr, spüre ich kommende Vibrationen. Ich spüre ein Ziehen nach hinten, waagerecht Richtung Kopf und weiter. Dieser Bewegung gebe ich mich hin und verlasse so den Körper. Dann bin ich in der Luft, aber nicht sehr hoch. Zunächst bin ich waagerecht, mit dem Kopf nach oben, genau über mir. Ich kann dabei meinen Körper genau spüren. Ich nehme eine eine starke Energie wahr, die allgemein und teilweise partiell auf bestimmte Körperstellen gerichtet wird.

Jetzt kommt dieses Stirnband ins Spiel! Ich bin plötzlich aufrecht und versuche mir dieses Ding vom Kopf zu nehmen. Ich fühle es, nehme es und so oft ich es versuche, es geht nicht ab!!! Irgendwann lasse ich es und lasse

mich auf den Bauch drehen. Ich bin weiterhin noch in der Luft. Ich spüre
auch auf dem Rücken die Energieschübe!
Irgendwann ebben sie ab. Ich wache auf und meine Halsbeschwerden und
meine Nackenbeschwerden sind auf wundersame Art und Weise
verschwunden! Ich bleibe dennoch im Bett.

Chronologisch hat sich in dieser Zeit mein Schlafrhythmus umgestellt. Ich schlief ein paar Stunden, dann wachte ich auf und konnte mehr oder weniger wach seiend, nicht mehr einschlafen. Ein unangenehmes Gefühl. Irgendwann nahm ich es so wahr, als ob sich etwas *oben auf meinem Kopf ausdehnt oder größer wird* und es sich wie eine Barriere anfühlt. Ich kann mich nicht weiter entspannen, als wäre diesmal eine Tür verschlossen. Interessant ist, dass ich genau das gleich Phänomen schon von anderen Menschen geschildert bekam. Es dauerte circa 2 Wochen, dann war alles wieder normal. So konnte ich meine Bekannten dann beruhigen und ihnen sagen, dass es nur eine gewisse Zeit andauert und normal ist.

Ein weiterer Fall in Richtung Heilung und wie Bauchschmerzen auf mystische Weise verschwinden können, stellt sich im nächsten Fall dar.

Ich habe eine sehr unruhige Nacht und bin alle paar Stunden wach und kann dann nicht wieder einschlafen. Dies passiert mir in der letzten Zeit oft. Wie ich so daliege, spüre ich wie mein Bauch etwas „kneift" Ich spüre dann, wie von den Füßen eine Energie in Richtung Kopf zieht. Ich spüre wie dieses Bauchgrimmen mit hinaufgezogen wird und dann verschwindet!

Du kannst, wenn du zum Beispiel Kopfschmerzen hast einmal probieren dir vorzustellen, dass du dir von außerhalb deines Körpers in deinen Kopf greifst und die Schmerzen heraus schaufelst, gerade so, als würde jemand anderer neben dir stehen, der genau dies tun könnte. Du verlagerst hier nur dein Bewusstsein an einen anderen Ort, mehr nicht. Bei mir funktioniert diese Technik gut, die Schmerzen werden schwächer.

Das Thema Heilung hatte ich schon zu Beginn des Buches angedeutet. Wenn du dich erinnerst hatte ich erzählt, wie eine Freundin in ihre Zukunft ging und sich einen gesunden Aspekt von sich in ihr jetziges Leben holte. Möglich ist alles, nur unser beschränktes „So etwas geht nicht!", hindert uns.

Es ist nun aber so, dass deine Seele ein ganz bestimmtes Ziel mit deinem Leben verfolgt und wenn dieses Ziel zu einem großen Teil eine Krankheit als Mittel zur Erfahrung benutzt, dann wirst du sie nicht los werden können.

Kein Mensch möchte krank sein, soviel ist sicher und ich würde meinen, dass die meisten Menschen das Wort „Heilung" in erster Linie mit ihrem Körper verbinden. Der Geist spielt jedoch meiner Meinung nach hierbei eine weitaus größere Rolle und über ihn werden Krankheiten und auch Unfälle manifestiert, also in die Materie transportiert. Vielleicht ist es dir mit einer anderen Sichtweise möglich gewisse Schicksalsschläge anders zu betrachten. Du kannst davon ausgehen, dass du eines Tages wieder frei bist, ohne Schmerzen und ohne Krankheit. Auch den Tod wirst du überstehen, soviel ist sicher. Vielleicht ist es erschreckender für dich, dass du jetzt wirklich alle Zeit der Welt hast, Dinge zu tun. Was würdest du tun, wenn du wüsstest du könntest nichts falsch machen? Was wäre, wenn das Ziel zu erreichen eben nur eine gewisse Zeit länger dauern würde? Würdest du dir großartig viele Sorgen machen?

Was wäre, wenn Herzen durch Schicksalsschläge heilen könnten? Was wäre, wenn Herzen manchmal einen Schock benötigen um eine gewisse Lösung zu erfahren? Es wäre ein Akt der höchsten ausgedrückten Liebe, den diese Seele für andere Menschen auf sich nimmt, wohl wissend, dass ihr nichts geschehen kann.

Wenn dir das alles zu „Rosa" ist und ich deiner Meinung nach nur eine Farbe über die schwarze Realität pinsele, dann ist das übrigens deine Sache. Dies ist ein nicht selten gehörter Vorwurf.
Eine andere Sichtweise ist für mich kein „Schönreden", es ist nur eine andere Betrachtungsweise um mehr zu entdecken, mehr nicht. Ich sage das in allem gebotenen Respekt und in Liebe und ob die Sichtweise gefällt, entscheidet jeder für sich. Ob gewisse Dinge für dich unmöglich erscheinen, entscheidest also nur du!

Irgendwann begann es, dass sich Auswirkungen meiner nächtlichen Erlebnisse dann direkt in meinem Leben abbildeten und ich Dinge im Vorraus erfuhr. Mit der Zeit hatte ich einige Erfahrung damit, und ich vertraute diesem Dingen immer mehr.

<u>25..01.07</u>

Nach längerer Zeit erlebe ich wieder einen richtigen Austritt. Ich bin zunächst in der Wohnung meiner Eltern. Dies scheint nach wie vor und warum auch immer, ein Übergangspunkt zu sein. Vielleicht, weil es einfach eine vertraute Umgebung ist, dies ist aber nur meine Theorie.

Ich gehe durch die Wohnung und dann hinaus auf den Balkon. Ohne Angst überquere ich das Geländer und fliege los!. Auf einmal bin ich mitten auf einem großen Platz. Da ist echt viel los und ich bin plötzlich in der Mitte einer Gruppe von Kindern. Sie freuen sich mich zu sehen und ich frage sie nacheinander nach ihren Namen. „Imke" weiß ich noch, ein Mädchen hat mit den Schultern gezuckt und ein Junge, offenbar ein „Draufgänger" hat sich „Edinini" oder so genannt.

Ich erinnere mich, dass ich diesem „Edinini" Ratschläge gebe, denn er hat anscheinend Probleme mit der Gewalt.

Das Faszinierendste hier war, dass ich gleich darauf am nächsten Tag die Nachricht bekam, dass im SOS Kinderdorf in Imst ein Betreuer gesucht würde und ich die Chance hätte, dort zu arbeiten. Ich bekam diesen Job übrigens dann tatsächlich, obwohl ich als kompletter Quereinsteiger aus einer anderen Richtung kam. Ich wollte es auf jeden Fall ausprobieren. Gewalt war dort ein größeres Problem, noch nicht einmal in erster Linie körperlich, sondern unter den Kindern eher psychisch gegeneinander.

In dieser Zeit hatte ich auch die erste Idee einer Geschichte, für mein Buch „Der Apfelkern". Ich lag schon im Bett, es war gegen 23 Uhr und plötzlich hatte ich diese eine spezielle Geschichte im Kopf. Ich bin dann extra noch einmal aufgestanden und habe sie in 6 DinA4 Seiten in Englisch auf Papier gekritzelt. Danach habe ich mich gleich wieder schlafen gelegt.

Das aus diesem ersten Schreiben ein Buch werden würde, ahnte ich bis dahin noch nicht. Zunächst fing ich an in Englisch zu schreiben, erkannte aber bald, dass es mir in Deutsch doch erheblich leichter fiel. Also begann ich in Deutsch weiterzuschreiben und das Werk wuchs rasant. Irgendwann erinnerte ich mich an diese erste Geschichte und ich war verblüfft, dass sie haargenau dort hineinpasste. 4 Wochen benötigte ich für das Buch, dann stand es. Dieses zweite Werk hier war schon im Hinterkopf, zwar noch nicht greifbar, doch ich wusste, dass ich über dieses Thema früher oder später schreiben wollte. Wann, was und wie – ich hatte keine Ahnung. Wenn die Zeit reif ist, dann ist der beste Zeitpunkt. Dieser Zeitpunkt war vor ungefähr nun 2 Wochen und ich stelle erneut fest, dass die Arbeit noch schneller vonstatten geht, als beim ersten Mal. Wenn DU also ein Projekt hast und du hast momentan noch überhaupt keine Vorstellung davon wie du es bewerkstelligen sollst, mach dir nichts draus. Vertraue darauf und halte an deiner Idee fest. Wisse einfach, dass du es machen willst und wenn du anfängst, dann bleibe einfach bei der Sache und lasse sie wachsen. Das ist schon alles. Mühelos.

10. An die Schwelle heran

Etwa ab März 2007 begann ich mich darauf zu konzentrieren die Austritte selbst auszulösen. Hier arbeitete ich mit allen meinen Erfahrungen.

Am Morgen 20.03.07

Um ca. 6:30 Uhr bin ich kurz aufgewacht. Soweit ist in der Nacht nichts passiert.
Ich bin kurz aufgestanden und habe mich dann wieder hingelegt.

Durch Konzentration konnte ich mich mehrmals an die Schwelle zum Übergang bringen doch gelang es mir nicht, mich nach der Ablösung vom Körper weiter zu bewegen. Jedes Mal wenn ich die Augen öffnete, nahm ich mich wieder liegend im Bett wahr, obwohl ich kurz vorher eine eindeutige Bewegung „vom Körper weg" erlebte. Klartext, ich erlebte die Ablösung mit der Bewegung aufwärts, öffnete dann die Augen und nahm mich normal liegend im Bett wahr. Ich kann wieder nicht unterscheiden, ob ich wirklich wach bin, oder außerkörperlich.

Um vor 9 wurde ich dann erneut wach, beschloss aber noch weiter zu üben.

Ich trat erneut aus, öffnete die „Augen" und dachte zunächst, dass es wieder nichts werden würde. Die Sicht war zunächst eingeschränkt, denn zuerst öffnete ich das linke Auge und dann das Rechte. Hierbei nahm ich mich auf dem Boden liegend wahr, als wäre ich aus dem Bett gefallen. Ich hatte den Gedanken abzurechen, was ich öfters schon tat wenn die Sicht schlecht war, doch dann bewegte ich mich automatisch Richtung Tür. Wie auf einem Fließband liegend, bewegte ich mich. Ich stand dann vom Boden auf, verließ den Raum und plötzlich war die Sicht bestens!

Ich erkannte den taghellen Raum, obwohl er anders aussah. Jetzt sind die Bilder zwar nicht mehr genau im Kopf (betreffend dieses Raumes/Hauses), doch ich kann mich auf mein Gefühl verlassen. Diesen Ort kannte ich.

Jetzt wurde es wieder genial! Ich verließ den Raum und damit das Haus und stand im schönsten Sonnenschein draußen. Blauer Himmel! (Zu dieser Zeit war es in Tirol Winter und draußen lag Schnee)

Ich war begeistert und erhob mich in die Luft, flog an einem schönen Baum vorbei und stieg hinauf. Begeisterung pur! Ich wollte schneller fliegen, was ich dann auch tat.

Unter mir war eine Stadt, mit allem was dazu gehört und ich genoss die Aussicht. Irgendwann landete ich in einer Art Zentrum mit Gassen. Da waren Leute auf der Straße und ich tippte einer Frau auf die Schulter nur um zu sehen, ob sie mich wahrnahm. Sie schaute verdutzt. Ich kann mich nicht mehr recht erinnern, doch ich glaube, ich bin durch jemanden durch gegangen, was ich im Nachhinein als nicht gut empfinde.

Ich ging dann in eine Art „Pub" schaute mich um, doch ich wollte lieber draußen die Gegend betrachten. Da war plötzlich ein junger Mann bei mir, dem ich zeigte, wie man fliegen kann.

Ich reichte ihm meine Hand und zog ihn in die Luft. Er machte dabei recht lustige Bewegungen, konnte es aber dann auch. Wir flogen umher und hatten Spaß. Dieses Wesen war mir vertraut.

Noch etwas. Schon vorher war mir ein kleiner Hund aufgefallen und an einer Art Gerüst was wir benutzten um zum Fliegen zu starten, war auch dieser Hund wieder zu sehen.

So komisch es aussah, auch er war in der Lage zu klettern. Als ich ihn ansprach (wie man einen Hund halt lockt) knurrte er mich wild an. Ich sagte etwas zu ihm, etwas in der Art, das ich ihn als fremde Energie, die sich in mein Traum eingeklinkt hat, erkannt habe.
Daraufhin war er still.

Wir gingen dann und flogen weiter, doch fehlte es mir zusehends an Kraft zu fliegen. Ich konnte nur noch gehen und die Nacht brach ziemlich schnell herein, was mir recht merkwürdig vorkam. So lang war ich schließlich noch nicht in dieser Welt, wenn das gesamte erfahrene Erlebnis, für einen Austritt, doch bemerkenswert lange dauerte. Das Besondere war wieder, dass ich den

Rückweg zum Haus genau kannte! Trotzdem schaffte ich es nicht und ich kehrte vorher zurück in den Körper. Ein in jeder Hinsicht bemerkenswertes Erlebnis! Sehr hell.

Das es wirklich nicht ratsam ist „durch" ein anderes Wesen zu gehen, bekam ich dann am nächsten Tag zu spüren.

Ich bemerkte am Morgen ein Wesen, das zunächst auf das untere Ende des Bettes sprang, dann wieder hinunter ging und dann am Kopf zu meiner Rechten stand. Es hat aber nichts getan. Es schien erst nur zu schauen. Zunächst jedenfalls.

Fr 23.03.07 Ein unangenehmes Erlebnis

Etwa um 12 in der Nacht werde ich bewusst. Ich bemerke einen starken Druck, etwa eine Handbreit rechts vom Bauchnabel. Es fühlt sich an, als würde etwas von außen „hineindrücken". Es ist sehr unangenehm und ich bekomme das Gefühl der Angst, dass etwas in mich eindringen will. Mein Bruder ist plötzlich auch da und ich rufe zusätzlich alle und jeden der höheren Ebenen.

Zusätzlich schicken wir in dieses „Wesen" Licht und dann fühle ich an dieser besagten Stelle eine feingliedrige Hand, ich habe sie als schwarz und mit spitzen, langen Nägeln im Kopf. Ich betaste sie von außen und versuche sie wegzunehmen.
Meine Abwehr zeigt Wirkung. Die Hand und der Druck verschwinden. Gleichzeitig fühle ich am ganzen Körper ein elektrisierendes Gefühl.

Auch wenn unser Kern nicht angreifbar ist, so werde ich sicher nicht noch einmal „durch" ein anderes Wesen gehen. Ich habe keine Ahnung wie ich überhaupt auf diese Idee kommen konnte, doch habe ich es getan.

Dieses Wesen war eine kurze Zeit bei mir, hat mir aber nichts weiter getan. In einer Channeling –Sitzung wurde mir mitgeteilt, dass es aus reiner Neugierde da ist, denn es hatte so etwas noch nie gesehen. Ich rate dir es besser zu machen und nicht „durch" andere Wesen zu gehen, auch wenn es ohne weiteres funktioniert. Dies war auch ehrlich das einzige Mal, bei dem ich eine negative Erfahrung machte.

Zwischen Mai 2007 und Februar 2008 vernachlässigte ich mein geführtes Tagebuch, was aber nicht bedeutet, dass ich nichts mehr erlebte. Ich maß alldem nicht mehr die riesige Bedeutung zu, auch weil ich privat erstens eine Beziehung und zweitens zwei Jobs gleichzeitig hatte. Es sei aber erwähnt, dass es spannend ist, wenn zwei unterschiedliche Menschen zur selben Zeit ein Wesen wahrnehmen. Die Luft „knisterte" förmlich. Ich hatte einige interessante Erlebnisse mit meiner damaligen Freundin, doch möchte ich hier aus privaten Gründen ihrerseits nicht zu sehr ins Detail gehen. Ich habe sie und ihren Sohn einige Male astral getroffen, so viel kann ich sagen. Es war mir eine große Freude.

Die Beziehung löste sich dann auf, die Jobs blieben, wobei einer in der Nacht zwischen 3 und 5 Uhr stattfand. Nicht sehr förderlich für nächtliche Erlebnisse aber auch nicht unbedingt hinderlich.

23.02.2008 Klartraum

Ich befinde mich auf einem sehr großen Flughafen. Offenbar checke ich gerade ein, denn ich möchte (in Richtung USA?) verreisen. Ich habe jedenfalls das Gefühl, dass es dort hin geht. Offenbar habe ich bei der Dame die mich eincheckt einen netten Eindruck hinterlassen, auch das ist ein wortloses Wissen, was ich habe.

Irgendwann sitze ich in dem Flugzeug. Ich sitze ganz hinten, aber es ist ein außergewöhnliches Flugzeug. Dieser Platz ist nach hinten gerichtet und ich kann durch eine große Glasscheibe alles genau beobachten. Noch mal: ich sitze sozusagen rückwärts mit freiem Blick durch eine Art Panoramascheibe und beobachte, wie das Flugzeug zur Landebahn fährt. Die Beschleunigung die ich zwischendurch spüre, ist enorm.

Jemand sitzt neben mir und wir reden zunächst. Obwohl dieser Flughafen fremd ist und irgendwie anders aussieht, deute ich auf ein gelbes Haus und sage zu ihm:"Da hinten, in dem gelben Haus, da wohne ich!" (Anmerkung: zu dieser Zeit wohnte ich direkt am Flughafen in Innsbruck)

Jetzt wird's spannend und bis hier her war es ein recht interessanter, aber normaler Traum.

Das Flugzeug (bei mir meistens ein Symbol für meine momentane Lebenssituation) fährt nur auf der Landebahn spazieren. Die Leute werden etwas unruhig, weil sie erwarteten, dass es gleich losgeht. Stattdessen bleibt es jetzt am Ende der Startbahn stehen, am Rande eines Abhanges zu einem Tal. Ich sehe eine Leitplanke, auf die rutschen wir jetzt zu! Ein Absturz droht.

Statt aber Angst zu haben, löse ich mich plötzlich vom Sitz und sage ohne Angst. "DAS IST JA NUR EIN TRAUM!", und als das Flugzeug am Rande des Abgrundes abzustürzen droht, stürze ich mich selbst, fliegend in die Tiefe, voll bewusst und in der Ich-Perspektive.

Ich fliege auf eine bunte Stadt zu und probiere irgendetwas dort zu greifen. Ich greife durch alles hindurch, nichts ist fest und das habe ich auf diese Art auch noch nie erlebt.

Da ich bewusst bin schaue ich mich um, entdecke etwas interessantes, deute darauf und sage: „Da will ich hin!" und prompt geht's auch dorthin.

Irgendwann schwebe ich auf eine Art Platz. Ich erkenne 3 Hunde, die mich jetzt sehen und sich freuen. Sie springen an mir hoch.

Das Symbol beinhaltet:
Flugzeug = Lebenssituation; Rückwärts auf einen Abhang rutschen = aussteigen und woanders hingehen

Momentan denke ich tatsächlich darüber nach und etwas muss ich ändern. Ich arbeite zu viel und habe kaum Zeit zu leben oder das Leben zu genießen. Ich weiß nun, dass eine Veränderung unausweichlich ist und früher oder später wird sie eintreten. Wohin verschlägt es mich diesmal?

Das bei mir gewisse Symbole für gewisse Dinge stehen habe ich erst durch lange Beobachtung herausgefunden. Ein abstürzendes Flugzeug ist nun doch recht bedrohlich, ein nicht startendes und auf einen Abhang zurutschendes doch auch.

Das diese Situation einen Tag später wieder eine Abbildung in meinem wirklichen Leben erfährt, habe ich, als ich das Erlebnis niederschrieb noch nicht gewusst.

Es stand ein erneutes „Sterben" an und dieses ließ ich gerne zu, in dem Wissen, dass es unausweichlich war und einfach sein musste. Im Loslassen bin ich inzwischen Fachmann, soviel steht fest.

Geht eine Tür auf, sind mehrere andere bereits offen und bereit durchschritten zu werden und ich bin die Verkörperung des Apfelkerns, wie auch sonst hätte ich dieses Buch schreiben können? Bin ich deshalb perfekt?

Ja und Nein. Ich bin nicht perfekter als du und nicht perfekter als der Clochard, der auf der Straße morgens seinen Schnaps trinkt. Ja, du hast richtig gelesen!

Dieser Mensch, über den so voreilig ein Urteil gefällt wird, ist auch ein Ausdruck dessen was ich im Apfelkern „ALLES-WAS-IST" genannt habe. Wie könnte ich mir anmaßen über den gewählten Ausdruck seiner Selbst, ein Urteil zu machen. Es ist seine Entscheidung wie er sich verkörpern möchte und dahinter steht eine Geschichte und ein Grund, nicht mehr und nicht weniger.

Möglich, dass dieser Mensch in deinen Augen schwach ist. Möglich aber auch, dass er um einiges befreiter lebt als die meisten Menschen die ihr Leben in Angst um ihren Wohlstand verbringen. Dies ist jetzt im Übrigen nicht die Aufforderung es ihm gleich zu tun, um sich mit Gewalt von diesen Fesseln zu befreien.

„Ich bin besser!", „Mein Weg ist schneller und leichter!" und so vollzogen alle den gleichen Weg, den die großen Religionen uns vormachen. Eine will die Beste sein: „Ja, nur meinWeg ist der Richtige!"
Nein, sei frei in deiner Entscheidung.

Warum sind wir eigentlich hier?

Das Bewusstsein ist das, was dem Körper Macht verleiht. Um in der Materie zu wirken, braucht es hier einen Vermittler und so kann es Materie dann willentlich verändern und so werden Gefühle, Gedanken und Ideen in diese Materie „übersetzt".

Das Wort „Bewusstsein" beinhaltet sicher mehr Aspekte, als nur „sich bewusst zu sein, wer man ist". Es erschafft, durchdringt und kann sich offensichtlich eines Körpers bedienen, um einfache und komplexe Dinge zu tun.

Überlege einmal woher all die Dinge stammen, die die Menschen bisher entwickelt haben. Es sind allesamt Kreationen aus dem nicht-physischen Gedankenfeld. Jedes Haus entsteht zuerst hier, jedes kleinste Ding was je erfunden wurde, kommt von dort und die Auswirkung der Umsetzung in die Materie gibt uns als Wesen dann wiederum in erster Linie *Gefühle und Eindrücke zum Erfahren* zurück.

Es ist ein Kreislauf AUS dem Fühlen / Denken wieder zurück IN das Fühlen und Spüren.

Ein kleines Beispiel soll dies verdeutlichen.

Ein Haus entsteht in den Gedanken *mit dem Gefühl,* dass es doch schön wäre darin zu wohnen. Noch ist es nur fiktiv, doch in Gedanken ordnen wir schon die Möbel darin, alles begründet auf dem, was wir schön fänden zu fühlen. Auch praktische Überlegungen werden mit dem Hintergrund des Fühlens getroffen, denn ich möchte ja bestimmte Gefühle und Situationen vermeiden, wenn ich zum Beispiel eine gewisse „Anordnung" in der Küche erschaffe.

„Dieses Möbelstück kommt hier hin und jenes dort hin!", sagen wir, und „Diese Farbe mag ich momentan, also wird dieser Raum diese Farbe tragen."

So entsteht ein Bild im Kopf und nach diesem Plan wird es dann mehr oder weniger gebaut. Nach einiger Zeit ist die Schöpfung dann fertig - aufgebaut aus unzähligen Komponenten und damit gebaut auch aus *Ideen und Vorstellungen anderer Wesen,* denn schließlich hatte schon vorher ein

Mensch den Gedanken, dass man Fenster auf diese eine besondere Art anfertigen kann und sie dann dadurch bestimmte Eigenschaften und Vorteile haben. Interessant wäre die Idee, ob wir es dadurch auf die eine odere andere Art miterschaffen haben. Vielleicht erfolgte zuvor eine Art kollektiver „Bewusstseinsruf", der die Erschaffung durch seine Energie ermöglichte.

Nun, am Ende zieht ein Mensch in dieses Haus und kann sich auf diese Art neu erfahren. Er ist glücklich darüber, liebt es vielleicht, denn es ist seine *Mitschöpfung*. Freilich wird es ihm früher oder später nicht mehr genug sein und die nächste Idee schreit nach Vollendung!

Der Mensch ist einfach ein Schöpferwesen, es ist seine Bestimmung dies zu tun.

Genau das Gleiche findet mit anderen „geistigen" Ausdrücken statt. Sei es die Musik, ein Buch oder Gedichte schreiben, ein Bild malen – immer ist es eine nicht-physische Welt, aus der etwas entsteht.

Warum sollte es dann auf der *anderen Ebene* anders sein und ich beziehe mich auf die Ebenen, die ich als Besucher außerkörperlich erfahre. Würde es die Tatsache überhaupt schmälern, wenn wir behaupten, diese Welten wären „nur" eine *Ein-Bild*-ung aus unserem kreativen Teil?

Dies ist eine Frage gerichtet an die Menschen, die behaupten diese für mich real erlebten Begebenheiten in der Nacht, wären NUR eine Einbildung unseres Geistes. Wir erschaffen auch hier auf der Erde durch *Ein-Bild*-ung. Auf der anderen Seite geht es nur viel schneller.

Ich möchte hier noch stärker darauf eingehen, wie unglaublich die Tatsache ist, dass wir überhaupt hier auf der Erde umherlaufen *dürfen* um uns auszudrücken und Dinge zu kreieren.

Ich gebe zu, auch ich nehme es oftmals viel zu unbewusst wahr, was für ein Geschenk WIR uns damit eigentlich machen. Wir kreieren schließlich nicht nur materielle Dinge, sondern auf die gleiche Weise auch Situationen und

Umstände. Glaubst du, du bist wirklich nur ein den Umständen ausgesetztes Wesen, unfähig diese Welt zu ändern?

Wenn du etwas verändern willst, musst du nur eine Kleinigkeit verändern.

Ich begann also dieses zweite Buch zu schreiben und eigentlich macht es mir überhaupt keine Mühe, bis zu einem gewissen Tag. Ich fing an, hatte eine ungefähre Vorstellung im Kopf in welche Richtung ich mich bewegen wollte und schrieb drauflos.

Irgendwann stoppte ich und ich wusste nicht mehr weiter. Ich las den Absatz wieder und wieder, doch mich störte die „Energie" die darin war. Es war nicht stimmig und es löste ein ungutes Gefühl in mir aus. Ich steckte fest.

Was macht man jetzt in so einer Situation? Ich kann dir sagen was ich tat: Den Absatz löschen, etwas anderes schreiben und eine andere Richtung einschlagen! Schon war die Blockade gelöst.

Warum sollte so eine einfache Korrektur denn nur auf das Schreiben eines Buches oder einer Geschichte beschränkt sein? Schreiben wir nicht alle an UNSEREM Lebensbuch und an unserer Geschichte? Warum erscheint es schwierig oder unmöglich gewisse Stellen zu löschen, obwohl wir wissen, dass uns das momentane Produkt nicht gefällt?

Es mag der Stolz sein oder die eingebildete Niederlage und der damit verbundene eingebildete Schmerz. Es mögen die Gedanken sein, andere Menschen könnten schlecht über uns reden oder denken und wohl am Meisten sind es Gedanken der Abhängigkeit, entweder zwischen Menschen oder zwischen Orten und Menschen. Schmerzen möchte jeder vermeiden, nur muss man denn immer so weit gehen, dass es unerträglich wird?
Vergiss die Dinge, die andere über dich denken. Andere Menschen schreiben ihr eigenes Buch und DU bestimmst, was du in DEINES schreiben willst.

Warum dann an einem Lebens-Absatz schreiben, der dir nicht gefällt? Gestehst du dir nicht das Recht zu, das zu tun was du von Herzen tun möchtest?

So unglaublich die Vielfältigkeit des Erschaffens bei nur auf eine Person bzw. ein Wesen ist, umso großartiger wird es wenn man bedenkt, dass mehrere Milliarden Wesen dies gleichzeitig und miteinander verwoben tun. Wir haben hier auf der Erde gemeinsam einen Ort erschaffen, der uns das direkte Erfahren von Gefühlen in der Materie ermöglicht.

Was glaubst du, wo entstand hierzu der erste Gedanke? Meinst du hierbei war es tatsächlich anders, als in unserem normalen menschlichen Leben?

Am Anfang war das Wort, ein Klang oder eine Stimme in einer Unendlichkeit oder Leere. Dies steht so ziemlich in jeder Schöpfungsgeschichte und auch wenn es philosophisch ist und alt, es liegt eine Wahrheit darin.

Die Bewusstwerdung „ICH-BIN UND ICH EXISTIERE", erschafft den Wunsch mehr über sich zu erfahren.

Nichts geringeres als dieses Ziel verfolgen wir. Wir sind uns unserer Existenz bewusst und wir leben im Augenblick einen bestimmten Aspekt unseres Seins. Dieser Aspekt möchte sich selber fühlen und erfahren und kreiert deswegen Situationen, um dieses Bedürfnis in der Materie zu erfüllen.

Über die Erfahrung lernt sich der Aspekt selber kennen.

Ich möchte jedoch hier eine Begrenzung vermeiden. Ich habe momentan nur die Sichtweise eines Menschen und vielleicht ist der Grund unseres Daseins schlicht und ergreifend zusammenfassend die Freude am Dasein. Spass haben. Sich an seinen Schöpfungen in einer Begrenztheit erfahren, weil diese eben sonst nicht der Normalzustand ist.

Warum sollte diese Ebene hier dann die einzige Spielwiese sein? Wenn Bewusstsein *eine Ebene* erschaffen kann, dann ist es naheliegend, dass sie weitere ebenso und gleichzeitig erschaffen kann. Um deine Gedanken etwas anzuheizen sei auf das gigantische Forschungsprojekt „CERN" hingewiesen, bei dem Wissenschaftler tatsächlich Paralleldimensionen nachweisen wollen.

Glaubst du, dass Wissenschaft und Firmen die größte jemals gebaute Maschine erschaffen, ohne eine Vision oder Ahnung von dem zu haben, dass da „mehr" ist? Denkst du angesichts der investierten Baukosten von 1,34 Milliarden CHF, welches in diese Forschungseinrichtung gesteckt wurden, dass die Wissenschaftler „auf gut Glück" forschen?

Sei es drum, es ist nicht meine Absicht hier eine Position über Sinn oder Unsinn einer solchen Maschine zu beziehen. Jeder hat einen anderen Zugang und der Zugang der Wissenschaft ist die Materie.
Bis jetzt konnte sie mir allerdings nicht im Ansatz ein zufriedenstellendes Modell liefern, was uns als Menschen ausmacht. Es betrachtet den Menschen nur von der materiellen Seite und dies ist eigentlich das kleinste Teil des Puzzles.

Für mich gibt es unzählige Ebenen allein im menschlichen nicht-physischen, sprich gedanklichen Bewusstseinsfeld und ich glaube die Übergänge hier sind fließend. Ich habe mich schlicht von der Vorstellung verabschiedet, dass diese Erde „die" Ebene ist, auf die alles referenziert werden muss. Wer sagt eigentlich, dass es so sein muss? Die Erde ist auch eine Kreation, eine Ebene, erschaffen vom Bewusstsein.

Wenn ich dann gedanklich einen Schritt weiter gehe, dann ist eine Inkarnation nur ein Wechsel der Ebenen. Der Tod ist nur ein menschliches Wort und nur den Körper des Verstorbenen betreffend. Der Körper ist verloschen, das Wesen was ihn benutzt hat, hat sich zurückgezogen.

Wäre es *möglich, dass wir uns* ständig, auch durch die Medien *darauf hinweisen*, dass wir dieses Tabuthema „Tod" überdenken sollten?

Dies allein ist schon Ironie, denn so gern wir es in unserem normalen Leben verdrängen, wir werden täglich mit dem Thema auf anderer Ebene angesprochen.

Hast du dich eigentlich mal gefragt, warum der Tod fast täglich in unserem Leben präsent ist? Hast du dies überhaupt schon bewusst registriert?

Wenn morgens das Radio angeht und die Nachrichten von den weltweit passierten und unabwendbaren Tragödien vieler Menschen gesendet werden, dann wirst du bereits zur frühen Stunde mit diesem Thema konfrontiert.

Wenn du Angst vor diesem Thema hast, dann wird hier ein bestimmter Samenkorn in dir gewässert und dir, je nachdem wie stark du darauf reagierst, ein ungutes Gefühl verpassen. Ein denkbar schlechter Start für den Tag.

Zum Frühstück ist auch schon die Tageszeitung zur Hand und wieder scheint das Hauptthema Tod und Verbrechen zu sein. Diesmal sind es die Tode die *gestern* jemand gestorben ist. Na gut, der Tag nimmt seinen Lauf, du machst deine Arbeit, ich hoffe mit Spaß. Vielleicht hörst du stündlich die Nachrichten, man sollte bestimmte Gefühle schließlich „füttern".

Am Abend, ja, da kommt ein Krimi, ein Western oder ein Horrorfilm. „Einer geht noch" und so stirbt wieder jemand, erschossen von einem Anderen, der wie selbstverständlich eine Waffe bei sich trug, weil das ja „normal" ist. Jetzt sagst du :"Moment, DAS ist nicht die Wirklichkeit. Das ist nur Film!"

Die Frage ist dann: warum sind wir eigentlich süchtig nach Tragödien und nach dem Tod? Warum werden wir wieder und wieder mit diesem Thema konfrontiert, so als würde es uns anschreien :"Schau endlich hin!!!"

Auf der anderen Seite brauchst du nur dieses Thema in einem Gespräch erwähnen und schon wird die Stimmung bedrückt und die Leute weichen aus.

„For some reason, you never ask why! ", höre ich in meinem Kopf, es stammt aus einem Song einer meiner Lieblingsbands. Aus einem bestimmten Grund fragen wir nicht warum.

Ich frage warum. Spieglein, Spieglein, was willst du uns mit diesem Thema sagen? Willst du uns tatsächlich unsere geringe Bedeutung zeigen und in uns Angst auslösen oder könnte da etwas anderes dahinter stecken?

Dein Bewusstsein wird sich in deinem Leben direkt widerspiegeln. Dazu werden Personen und Lebensumstände herangezogen um die relevanten Erfahrungen zu machen. Jede Person, jede Handlung und jede erlebte Szene auf die du dein Bewusstsein lenkst, ist Teil des Puzzles. Beobachte.

Das Radio, die Zeitung und der Fernsehapparat sind nur Medien, um Nachrichten zu dir zu bringen. Sie führen dir unter Anderem wiederum die genau passenden Themen zu. Jetzt könntest du argumentieren, dass du doch wirklich keine Chance hast dem zu entgehen, denn dieses Thema ist jeden Tag ständig präsent.

Stimmt, es ist vorhanden. Wie stark ist es dann „in dir" vorhanden? Wie stark ist es im Bewusstseinsfeld aller Menschen verankert? Anscheinend ist es DAS Thema.

Es ist doch paradox. Wir lehnen ein Thema ab und wir weigern uns, uns darüber zu unterhalten und auf der anderen Seite konfrontieren wir uns mit dem „spielerischen" Filmtod. Siehst du den Zusammenhang?

Beobachte einmal die Themen mit denen du am Tag konfrontiert wirst. Hierbei kann es manchmal schwierig sein den Kern zu erkennen, denn oberflächlich könnte dich zum Beispiel ein Kollege schief anreden und du ärgerst dich im ersten Moment heftig darüber. Versuche das Thema zu erspüren. Was könnte hier gemeint sein? Bist du wirklich Opfer der Umstände? Wenn du „Ja!" sagst, dann wird es stimmen, doch wenn du dahinter schaust wirst du erkennen, dass auch du daran „mitgebastelt" hast.

Die einfachste Methode, um auf die täglichen weltweiten Tragödien rund um das Thema Tod zurückzukommen, wäre natürlich das Radio, den Fernseher und die Nachrichten sausen zu lassen. Das wäre sicher eine gute Möglichkeit, doch ich bin mir sicher, dass du trotzdem mit diesen speziellen Themen konfrontiert werden würdest, sofern sie momentan für dich wichtig sind. Du wirst dich wahrscheinlich nicht damit auseinandersetzen wollen, denn damit verbunden sind Gedanken des Trauerns und des Verlustes. Oder?

Du kannst es einmal probieren. Entziehe dich eine Weile diesen Medien und beobachte, wie das Thema zu dir kommt.

Das Potenzial was frei werden würde wenn du die Angst vor dem Thema Tod und Sterben überwinden könntest, wäre kaum abzusehen. Plötzlich wären Dramen weniger schlimm und in dem Wissen der eigenen Unsterblichkeit, lebte es sich viel freier.

Wahrhaftig, ich hätte vor Jahren auch niemals für möglich gehalten, dass all die Dinge die ich heute erlebe existent sind, geschweige das ich ein Buch darüber schreibe – Verbesserung: geschweige das ich überhaupt Bücher schreibe!

Vorhanden war allerdings immer ein unterschwelliges Gefühl, dass da mehr sein muss und somit war der Weg auch frei, dieses „mehr" zu erfahren.

Genau wie Situationen eine Art Spiegel für dich sind, so sind es auch deine Äußerungen.
Jede Aussage die du an einen anderen Menschen machst, ist eine Aussage über DICH.

Tatsächlich ist es so, dass jede Äußerung AUS dir und deinen Gedanken kommt. Jede Bewertung einer Situation entstammt aus dir und jede Abwertung eines anderen Menschen ebenfalls.

Somit ist ganz klar, dass du nur eine Aussage über DICH machst und darüber wie DU diesen Menschen oder diese Situation siehst. Mit jeder Aussage gibst du ein Abbild deines Bewusstseins ab. Das ist *ein* Aspekt.

Ein anderer Aspekt ist der, dass wir auch Aussagen machen, um zu uns selber zu sprechen. Mit Hilfe dieses Sprechens hören wir UNS zu und jetzt können wir von außerhalb Dinge beleuchten und vielleicht die Chance auf Wachstum erkennen.

Denke einmal zurück an eine Zeit, in der es dir nicht so gut ging. Vielleicht hattest du jemanden zum Zuhören und so hast du deine Energie mit diesem Menschen geteilt. Kleine Änderungen der Sichtweise, etwa durch einen Kommentar, lassen die Situation in einem anderen Licht erscheinen und plötzlich gibt es für dich eine Lösung, die du vorher nicht sahst. Vielleicht ist es dir auch schon passiert, dass du dich dann überschwänglich bedankt hast und du als Antwort bekamst: "Ich hab doch gar nichts gemacht!"

Ich gehe hier einmal nicht davon aus, dass Menschen grundsätzlich und bewusst absichtlich ihre Energie an anderen Menschen „auftanken" wollen, was wahrscheinlich meistens unbewusst dennoch passiert.

In jedem Falle ist es aber auch so, dass der Sprecher in erster Linie *aus sich und zu sich selbst spricht* - auch um ein anderes Bild von der Situation zu bekommen, sofern er seine Aufmerksamkeit auf das hierin liegende Potenzial lenkt.

Sind sich in so einer Situation beide Gesprächspartner unbewusst (zum Beispiel in einer „ich bin so Arm/ Klein und kann nichts machen – Opferrolle), so fließt die Energie von der einen zur anderen Seite. Der Zuhörer wird sich möglicherweise schlechter fühlen, der Fragende erleichtert.

Ist Einer der Beiden bewusst (es gibt hier kein Opfer sondern einen Mitschöpfer an der Situation) und der Andere unbewusst (ich bin das arme Opfer), so weiß der Bewusste um diesen Energiefluss und wird dem unbewussten Menschen behutsam oder deutlich einen Spiegel vor die Nase halten.

Sind beide Menschen bewusst wie ein Energieaustausch vor sich geht, so wird der Fragende erkennen, dass er sich in der Situation selbst „sieht" und er erkennt, dass er sich SEINE Geschichte und Probleme erzählt, damit er sich zuhören kann. Er wird den anderen Menschen nicht auf seine Seite ziehen wollen und vielleicht auch gar keine Hilfe mehr benötigen. Beide Teile wissen, dass es sich nur um Energien handelt und um die Tatsache, dass wir Entscheidungen treffen die im Moment gut waren, diese aber später von uns als schlecht bewertet wurden. Was uns dann enttäuscht, sind die eigenen nicht erfüllten Erwartungen. Mit diesem Wissen übernehmen wir Verantwortung FÜR ALL UNSERE Entscheidungen und können die wahre Energiequelle von uns entdecken. Sie ist in dir und nicht mystisch oder nur wenigen Menschen, die jahrelang meditiert und sich gepeinigt haben, zugänglich.

11. Fragen und Theorien

Die erste Frage wäre natürlich, ob „nur" unser Gehirn der Auslöser dieser Erfahrungen ist. Den Körper als Biolabor zu sehen dem wir ausgeliefert sind, widerstrebt meinen Gefühlen, meinem Denken und meinen Erfahrungen.

Ich würde sagen, als Zwischenstation spielt das Gehirn eine Rolle, aber nicht unbedingt als Auslöser. Der Körper kann Stoffe produzieren, die meiner Meinung nach „Türen" öffnen die sonst verschlossen sind. Wenn jemand aber zuerst die Intention hat und der Körper folgt dann mit der Produktion eines dieser Stoffe, dann ist die Frage wer die Kontrolle hat beantwortet.

Bedenke, dass wir in unserer Kultur gelernt haben, dass nur bestimmte Dinge als real akzeptiert werden. Dinge die nicht eingeordnet werden können, werden damit ausgeklammert und müssen „geheilt" werden.

Die Erfahrungen *„drüben"* sind oft geprägt durch menschliches Denken, soviel ist sicher. Dies ist auch mehr als logisch, denn unser Gehirn ist das Portal durch das wir all unsere Eindrücke aufnehmen und aussenden. Alles was von außen kommt, geht dort zumindest Ansatzweise durch unseren Verstand und damit durch eine Reihe von Filtern.

Mache dir einmal Gedanken über ein Wesen, welches in einem materiellen Körper in einer materiellen Welt lebt, welches aber seine Kreationen ausschließlich - bewusst oder unbewusst - durch die Fähigkeiten des Fühlens und Denkens entwickelt.

Oft schaut es so aus, das dies ein Mensch ist, der sich momentan als „nur-materiell" sieht und der sich sogar manchmal fragt, ob er tatsächlich eine „Seele" besitzt.

Vielleicht ist er sich dessen nicht bewusst, doch sein Körper arbeitet anscheinend komplett autonom und unabhängig von seinem Willen. Er kann seinen Arm heben, ein Bein vor das Andere setzen, den Kopf drehen. Jetzt frage dich einmal ob es noch sehr viel mehr gibt, das er vollkommen unabhängig und willentlich beeinflussen kann. Das Eine oder Andere fällt dir noch ein, doch ist es sicher nicht so viel, wie du es dir vorgestellt hast.

Er musst „oben" Futter hineinstecken, damit sein Körper funktioniert und dann und wann musst er Abfallprodukte ausscheiden. Was dazwischen mit dem Futter vor sich geht, entzieht sich seinem Wissen und seinem Willen komplett. Er muss früher oder später ausruhen und schlafen, er wirst dazu gezwungen, wenn es nötig ist. Wenn er schnell rennt, wirst er vielleicht eine gewisse Zeit seinen Willen nutzen können um die Geschwindigkeit aufrecht zu erhalten, doch er wirst früher oder später sein Tempo drosseln müssen. Was in seinem Gehirn abläuft entzieht sich ebenfalls seinem Wissen und selbst der gescheiteste Wissenschaftler weiß nicht, was gerade in SEINEM Kopf auf Zellebene abläuft. Er kann zwar ein abstraktes Modell erarbeiten, doch wird es nie die vollständige Erklärung bieten können. Ich gehe weiter davon aus, dass niemand freiwillig wählen würde ernsthaft krank zu werden, doch der Körper entscheidet sich dagegen. Genau auf diese Art heilt er sich wieder. Losgelöst vom Verstandeswillen.

Dies sei für die Menschen gesagt, die meinen sie seien ihr Körper. Er ist ein Mittel um Erfahrungen zu sammeln, ein Mittel des Ausdrucks und zum Transport.

Das kreativ geistige Element ist unser Bewusstsein. Das kreativ körperliche und in die Materie umsetzende Element ist unser Körper, welchen wir dann zum Gestalten benutzen.

Um etwas zu erschaffen braucht es zunächst die Idee.

Weitere Fragen und Gedanken...

Da unser Bewusstsein ALLES erschaffen kann, möchte ich nicht ausschließen, dass es „drüben" auch die Abbildung einer Krankheit oder Behinderung erschaffen kann. Ich habe es nicht erlebt und deshalb kann ich auch nur eine Theorie anbieten.

Du kannst davon ausgehen, dass Beschränktheit, selbst auf der relativ nahen nicht-physischen Erd -Ebene nicht das große Problem ist. Für MICH existiert dort weder die Schwere, noch war eine Krankheit für mich sichtbar.

Im normalen Leben bin ich Brillenträger, dort drüben sehe ich absolut klar und brauche keine Sehhilfe. Ich kenne leider keine körperlich gehandicapten Menschen welche außerkörperliche Erfahrungen haben und ich erwähne dies, weil es zwar „Traumberichte" blinder Menschen im Internet gibt, doch sind außerkörperliche Erfahrungen im Vergleich zu normalen Träumen etwas komplett anderes.

Was die normalen Träume angeht, so ist es wohl so, dass Sehbehinderte ihre Behinderung teilweise mitnehmen. Es gibt Berichte blinder Menschen, die davon berichten. Auch dies ist für mich relativ einleuchtend, da die Sinnesverarbeitung durch unseren Verstand verarbeitet wird. Es gibt allerdings auch Berichte, dass sehbehinderte Menschen die nie in ihrem Leben klar sahen, plötzlich klar sehen konnten, dies aber als erschreckend und einengend wahrnahmen.

Das Wort „Behinderung" sollten wir deshalb hier genauer unter die Lupe nehmen, denn „Sehen" kann eben auch einschränken. Wir verlassen uns vielleicht viel zu sehr auf diese Fähigkeit, zu Ungunsten anderer Sinne. So überhören wir Töne, die eigene Stimme und im Anschluss eventuell auch noch das, was wir unser Bauchgefühl nennen.

Jemand der nie die Enge der Welt durch seine Augen wahrgenommen hat, muss eigentlich komplett anders wahrnehmen doch ich maße mir nicht an, dies zu wissen. Es ist eine Schlussfolgerung, doch da ich die komplette Schwärze kenne, konnte ich teilweise ihre Grenzenlosigkeit erfahren. Freilich bildete *ich* mir in diesem Zustand ein, in einem geschlossenen Raum zu sein, mit Gegenständen an die man stoßen konnte und das, obwohl ich absolut nichts sehen konnte. Dies ist eben „*meine Behinderung die Grenzenlosigkeit zu erfahren*", eine innere Grenze, den mein Verstand gesetzt hat.

Unser Bewusstsein arbeitet in der Materie mit den grandiosen Mitteln die es zur Verfügung hat, abzüglich der Filter, die unser Verstand ihm nimmt.

Ich bin mir sicher, dass unser Bewusstsein zu unglaublichen Dingen fähig ist, wenn wir diese Hürde der Glaubensfilter nehmen können. Dazu ist in erster Linie die Bereitschaft zur Offenheit gefragt. Nur wer wagt hinzuschauen und dies dann auch tut, wird überhaupt erst die Chance haben etwas zu erkennen. Wer wegschaut, wird freundlich weiterhin mit den gleichen Themen konfrontiert und gelegentlich muss auch ich mich daran erinnern.

12. Wie geht es weiter

Das Abschlusskapitel und gleichzeitig der Anfang.

Wie schwierig ist es nach so einem Erlebnis, in dieser Welt als normal teilnehmender Mensch zu leben? Was ich hier meine, gilt vermutlich für alle Menschen die irgendwann in ihrem Leben in der einen oder anderen Art besondere Erlebnisse haben.

Zuerst einmal: JEDER kann und wird diese Dinge erleben.

Es ist eine Einbildung, dass es „auserwählte" Menschen gibt und nur diese Menschen spezielle Erfahrungen machen können. Mit solchen Gedanken und Thesen werden Menschen untereinander entzweiht, es ist trennend. Niemand ist besser, niemand ist schlechter, aber nur wenn du wagst hinzuschauen, wirst du es auch erfahren können.

Noch einmal: JEDER kann diese und andere Dinge erleben. Auch DU.

Was ist nun, wenn du etwas spezielles erlebt hast. Du wachst morgens auf und hattest ein Erlebnis von dem du die Tragweite nur erahnen kannst. In dir drinnen weißt du, dass etwas großartiges passiert ist. Wirst du es erzählen wollen?

Ich wollte es ganz sicher, doch da war dann dieser Gedanke was andere Menschen von mir halten könnten und dieser Gedanke lies mich aus Angst schweigen. Anfangs verleugnete ich es, bis ich es nicht mehr verleugnen konnte. Es war Teil von mir und es ist Teil von uns allen. Warum sollte ich mich selbst belügen?

So kam der Tag, an dem ich begann MEINE Wahrheit über meine Erfahrungen zu erzählen. Zuerst zaghaft und mit ausgewählten Menschen. Ein bestimmtes Vertrauen musste da sein und hier vertraute ich auf mein Bauchgefühl. Ein einziges Mal ging dies daneben und am Ende wurde ich dabei beschimpft und ausgelacht.

Ich lache innerlich, denn ich weiß, dass dieser Mensch sich so gut versteckt hat, dass er sich selbst nicht erkennt. Er lacht mich aus und lacht damit sich selbst aus.

Die Reaktionen vieler anderer Menschen waren oft zwiespältig, denn natürlich sind gesprochene Worte oder das geschriebene Wort derart eingeschränkt, dass sich meine Erzählung oft wie ein normaler, spektakulärer Traum anhört. Ich wies sehr oft darauf hin, dass es nicht so sei, doch meistens kam es nur als „schräg" oder „verrückt" an.

Ich bin nicht dafür einen Menschen von meinen Erlebnissen zu überzeugen. Ich weiß was ich erlebe und ich weiß auch, dass ich mit beiden Beinen genug im Leben stehe, doch zwangsläufig bekommt dieses „im Leben stehen" nach so einem Erlebnis eine andere Farbe.

Was sind Probleme angesichts der Großartigkeit die hinter den Dingen steckt?

Ich schaue auf das Innere einer körperlichen Zelle und staune über dieses Zusammenspiel der vielen Einzelteile. Ich schaue auf die Menschen, die wie die Ameisen jeden Tag scheinbar ohnmächtig ihrem Tagwerk nachgehen und sich über alltägliche Nichtigkeiten aufregen. Dabei fühlen sie sich selbst meistens so klein und ohnmächtig, dass sie meinen, sie könnten nichts bewegen und sie seien wertlos.

Was verpassen sie, wenn sie an der Rose vorbeilaufen, ohne den Duft und die Farben zu erfassen? Ist es wirklich Leben, wenn wir uns Sorgen machen, ob wir genug materielle Dinge haben? Ist es Leben, wenn wir uns das Leben gegenseitig schwer machen und so die Leichtigkeit aus unserem Dasein katapultieren? Ja, es kann auch eine interessante Erfahrung sein, das ist wahr. Das alltäglich aufs Neue wiedererlebte Martyrium mit dem Glauben nichts ändern zu können, ist am Ende auch eine eigene Wahl.

Es mag die Wahl eines Menschen sein, dass er einen immer gleichen Rhythmus in seinem Leben hat. Dieser Rhythmus ist eine Illusion. Nichts ist immer gleich und stabil, denn das Leben als solches ist wogend und verändert sich früher oder später.

Religiöse Menschen haben meine Erlebnisse meistenteils abgelehnt. Die Gründe sehe ich in erster Linie in ihrer eigenen Angst vor *ihrem* Gott, denn dieser würde sie ja bestrafen, wenn sie sich dem Thema stellten. So wurde ich dann danach gefragt, was ich denn mit diesen Reisen bezwecken wollte, gerade so, als hätte ich Anfangs danach gerufen und würde nun die Tür nicht mehr zubekommen. Gerufen hatte ich schon, auf einer anderen Ebene. Warum sollte ich die Tür zumachen, angesichts der Pracht die dahinter liegt und noch wichtiger, angesichts der Pracht, welche mir dadurch „hier auf der Erde"gezeigt wird?

In ihren Augen lasse ich mich auf Dinge ein, die einem Menschen nicht zustehen, denn der Mensch ist klein, zerbrechlich und sündhaft. Es ist eine Verführung vom Bösen, etwas unerlaubtes.

Oh, du Narr! Mensch, so großartig bist du und siehst es nicht!

Ich solle doch wieder den „richtigen Pfad" beschreiten, wurde mir geraten und „ob ich denn noch den Weg mit Jesus gehen würde?".

Ich erinnere mich gut an eine erlebte Geschichte, in der ich die Teilnehmer wohl derart schockte, als ich von meinen Erlebnissen erzählte, dass es mucksmäuschenstill wurde. Zugegeben, ich habe heute keinen Kontakt mehr zu diesen Menschen, aber ich konnte damals einfach nicht länger schweigen. Den ganzen Abend ging es um das Thema Angst, in jeglicher Ausprägung.

Beim bevorstehenden Silvesterfest würden wieder unzählige Häuser durch die Raketen und Feuerwerkskörper in Brand gesteckt werden und man müsse sich davor schützen. Die Nachbarn von der anderen Straßenseite - natürlich „asoziale" und Ausländer - würden ja absichtlich auf die gegenüberliegende Seite schießen und so weiter. So viel Geld würde für Feuerwerk ausgegeben und nicht zu vergessen, heutzutage wäre man auch in seiner Wohnung seines Lebens nicht mehr sicher. Auf die Straße gehen würde schon mal gar nicht gehen, denn die Räuber und Diebe und Mörder... und so weiter und so weiter. Irgendwann kam dann das Thema „Tod" an die Reihe und das danach „NICHTS" mehr käme. Da konnte ich dann meinen Mund nicht mehr halten, sorry. Also redete ich und so wurde es zunächst ziemlich still.

Interessanterweise war es so, dass plötzlich jeder irgendeine Geschichte kannte und sich plötzlich öffnete und davon erzählte. Selbst Menschen die nie von solchen Dingen sprachen, fassten Mut und erzählen unglaubliche Geschichten.

„Nein, so gläubig bin ich nicht!!!", war eine Reaktion auf meine Ausführungen. Interessant, dass dies Menschen sagen, die jede Woche in die Kirche gehen und dort Gebete und ein Glaubensbekenntnis nachreden.

So verging die Zeit. Ich lernte Menschen kennen die ähnliche oder anders geartete Erlebnisse hatten oder eben andere Fähigkeiten und es ist interessant, dass selbst diese Menschen oft untereinander zu konkurrieren scheinen. Eine menschliche Angewohnheit, denke ich.

„Was *ich* mache, dass kann dich weiterbringen! *Deins*, dass ist von niedriger Energie und Qualität!"

Nein, das ist es nicht.

Die Kunst ist nicht Wissen zu sammeln, sondern das Integrieren des erlernten Wissens und der Fähigkeiten in unser Verhalten im täglichen Leben.

Dies ist MEINE Meinung und es nutzt MIR nichts, wenn ICH die gewonnenen Erfahrungen nicht in das menschliche Leben einbauen kann.

Klartext: wenn ich nur noch in diesen anderen Sphären schwebe, dann trenne ich mich von meinem Erdendasein und meiner Meinung nach ist es genau das, was wir erleben wollten. Wir wollten uns bewusst als Menschen in einer sich begrenzt anfühlenden Welt erleben und mehr und mehr höhere Anteile von dem was Gott genannt wird (von UNS) hereinbringen. So entwickeln wir die Menschheit weiter. So haben wir es immer gemacht.

Wenn ich nur „fliegen" wollte, dann wäre ich nicht hierher gekommen, denn das kann ich sowieso als freies Bewusstsein.

Ich sage hier nicht, dass mein Weg der Beste ist, es ist nur MEIN Weg. Ich sage nicht, dass meine Ansicht und Meinung richtig ist. Es ist MEINE Ansicht und MEINE Meinung.

Was du aus DEINEM Leben, Weg und Werk machst, ist absolut deine Sache. Akzeptanz und Toleranz anderen Meinungen und Ansichten gegenüber ist wichtig und wenn du diese Dinge komplett ablehnst, dann sei es so.

Genau das Gegenteil von „schiefen Blicken" habe ich allerdings auch schon erlebt, das „Anhimmeln". Bevor du sagst, ich sei ja mit nichts zufrieden - ich habe auch zurück angehimmelt. So entspricht mir das und die Energien werden gleichwertig verteilt. Niemand ist besser, niemand ist schlechter.

Voreinander auf die Knie fallen sollten wir, denn dies würde den Respekt vor jedem gelebten Leben hier auf der Erde zeigen.

Die Art Respekt die man durch ein dickes Bankkonto, einem großen Auto oder schicker Kleidung bekommt ist nur scheinbarer Respekt, doch ich will hier keineswegs alle Menschen die diese Dinge haben, in einen gemeinsamen Topf werfen. Von falschem Respekt, erzwungen durch körperliche Gewalt, ganz zu schweigen.

Gemeint ist hier, dass Respekt meiner Meinung unabhängig von materiellen Dingen ist und wenn du zuerst dich respektierst, dann wirst du auch andere respektieren können.

Dich selbst zu respektieren wird dir das Erfahren von Respekt in dein Leben bringen.

Respekt ist in meiner Vorstellung NICHT eine Mischung aus Angst, Bewunderung und der Vorstellung einen Vorteil aus einer Verbindung ziehen zu können. Respekt ist eine Anerkennung des anderen Wesens, egal was oder wie dieses Wesen sich auszudrücken wünscht.

Nimm dich so an wie du bist, dann kannst du andere Menschen so nehmen wie sie sind. Dies wird dir die Erfahrung angenommen zu sein, in deine Welt bringen.

Liebe zunächst dich, dann kannst du auch andere Menschen lieben. Dies wird dir die Erfahrung der Liebe in dein Leben tragen. Die Liebe wird sich in deinem Leben wiederspiegeln.

Sei erfüllt, dann kannst du andere erfüllen. Dies wird dir die Erfahrung der Fülle in dein Leben bringen.

Es ist meine Passion Menschen den Spiegel vorzuhalten und ihnen zu zeigen, dass sie größer sind, als sie meinen. Es ist ein unglaublich schönes Gefühl für mich sie aufblühen zu sehen. Dies kann ich aber nur erleben, wenn ich aus mir herausgehe, Ich ermutige dich dies ebenfalls zu tun, wissend, dass du ebenfalls eine Geschichte zu erzählen hast.

Wohin meine Entwicklung noch führt, ich weiß es nicht. Hier lasse ich mich überraschen und wenn dir einmal etwas ähnliches passiert, dann habe den Mut und das Wissen, dass alles gut ist.

Was liegt noch großartigeres hinter dem Horizont?

Ist es das Ende? Nein, es ist erst der Anfang. Der Anfang der Erkenntnis, dass WIR Menschen zu viel mehr fähig sind und ich weiß, wir können eine friedliche Welt erschaffen. Miteinander, indem jeder bei sich beginnt.

Lass uns beginnen! Wir sind Eins.